数学が苦手でもわかる
心理統計法入門
ワークブック

芝田 征司 著

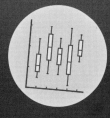

サイエンス社

はじめに

　拙書『数学が苦手でもわかる心理統計法入門』（以後『心理統計法入門』）は，おかげさまで多くの方に利用いただいているようです。その『心理統計法入門』では，残念ながらページ数の関係で練習問題をつけることはできませんでしたが，その「おわりに」の中で「基本的な理解ができたら，練習問題がついている教科書や，インターネットなどで公開されているデータなどを使って分析してみることをお勧めします」と書いたように，統計法の理解のためには，いろいろなデータを使って実際に分析してみることが大事です。

　しかし，統計法の入門レベルの練習問題集のようなものはなかなかありません。また，インターネット上の公開データも，統計ソフトでの分析に利用できるようなものは多くても，手順を追って手で計算できるようなものとなると少ないですし，練習に適したデータを探すということ自体，統計法の入門者にとっては困難なことでしょう。

　そこで本書では，『心理統計法入門』の第Ⅰ部および第Ⅱ部の内容に沿った形で，できるだけ単純なデータを使って繰返し練習できるような練習問題をいくつか用意することにしました。まず，第Ⅰ部の「記述統計」においては，単純な問題をいくつもドリル形式で練習する形にしました。これは，さまざまなパターンの問題を繰返し練習することで，理解の基礎を固めることを目的としたものです。

　また，とくにつまづく人が多いと思われる第Ⅱ部の「推測と検定」では，最初に段階を追って推定や検定を組み立てていく練習を行い，練習問題が進むにつれて次第に計算式を用いた検定統計量の算出を行うという形で問題を構成してみました。これは，普段の授業の中で，計算式を用いて統計量を算出することはできても，その値が何を意味しているのかが理解できない学生や，「統計的有意」がどういうことかが理解できない学生が比較的多くいるように感じられるからです。そこで，単に計算式を使って統計量を算出する

ことを目的とするのではなく，何のために，どのような考え方に沿ってその
計算をしているのかを少しでもイメージしてもらえるように，とこのような
形式にしました。

　そのため，とくに第Ⅱ部については，少し冗長に感じられる部分もあるか
もしれません。何度も繰返し練習するような場合には，基本部分についての
理解ができてきたら，練習問題の最初のほうのステップについては省略して
も構いません。

　『心理統計法入門』と同様に，本書が扱う範囲も心理統計のごく基本的な
部分のみで，とくに分散分析はごく限られた場合のみしか含めていません。
ですから，本書の内容だけで実際の分析場面のすべてに対応できるものでは
ありません。ただ，実際の分析場面ではデータの分析に統計ソフトを用いる
ことがほとんどですから，基本を理解した後は，そうした複雑な分析につい
ては統計ソフトの助けを借りればよいと思います。基本的な考え方について
の理解が伴っていれば，複雑な分析であっても何をやっているのかまったく
わからないというようなことはないでしょう。

　本書が『心理統計法入門』と共に利用され，数学の苦手な方の学習に役立
つことを願ってやみません。

目　　次

第 I 部

記 述 統 計
データを要約して記述する

　統計法の基本は，実験や調査で収集したデータをきちんと整理し，そのデータがどのような特徴をもっているのかをしっかりみることにあります。記述統計は，データの特徴をわかりやすく記述し，要約することを目的としたものであり，統計法におけるもっとも基本的で重要な部分といえます。

　第 I 部では，心理学の研究でよく用いられるような内容を題材に，記述統計における重要事項の理解を確かなものにするための練習をします。

1 データの種類

1.1 尺度水準

　調査や実験で得たデータを適切に分析するには，それぞれのデータがどのような性質をもっているかを見極めることが重要になってきます。ここではまず，スティーブンスの尺度水準の考え方を用いて，さまざまな測定データがどの尺度水準に相当するのかを判断できるように練習しましょう。

　各尺度水準の基本的な定義は次の通りです。

---

1. **比率尺度**……測定値の間の比率（AはBの何倍か）が意味をなす尺度。
2. **間隔尺度**……測定値間の差（AはBよりいくつ多いか）が意味をなす尺度。
3. **順序尺度**……測定値間に明確な大小・順序関係がある尺度。
4. **名義尺度**……測定値間の異・同のみを示す尺度。

　なお，ありとあらゆるデータがこの4つの尺度水準に分類できるわけではありません。実際のデータではどの水準であるかが明確でないものもあるのですが（トピック参照），この尺度水準の考え方はデータの性質を考えるうえでとても便利なものなので，まずはこの尺度水準の考え方をしっかり理解できるようにしてほしいと思います。

■**練習 1-1**　まずは4つの尺度水準それぞれの基本的な定義が理解できているかどうかを確認しましょう。次の各データは，それぞれ比率尺度，間隔尺度，順序尺度，名義尺度のうちのどれにあてはまるといえるでしょうか。選択肢の中から適切なものを1つ選んでください。

練習 1-1a　調査対象者の性別のデータ。

【データ例】

男性　女性　女性　男性　女性　女性　無回答　女性　男性　……

　選択肢：1. 比率尺度　2. 間隔尺度　3. 順序尺度　4. 名義尺度

練習 1-1b　クラス全員分の期末試験の成績順位を記録したデータ。

【データ例】

12　25　2　16　1　8　20　22　3　……

　選択肢：1. 比率尺度　2. 間隔尺度　3. 順序尺度　4. 名義尺度

練習 1-1c　調査対象者の生まれ年（西暦）を記録したデータ。

【データ例】

1972　1991　1952　1997　2000　1964　1978　……

　選択肢：1. 比率尺度　2. 間隔尺度　3. 順序尺度　4. 名義尺度

練習 1-1d　調査対象者の実年齢。

【データ例】

22　34　27　22　32　26　28　40　36　29　23　……

　選択肢：1. 比率尺度　2. 間隔尺度　3. 順序尺度　4. 名義尺度

練習 1-1e　ある授業における5段階成績評価（秀・優・良・可・不可）を
　　　　　　記録したデータ。

【データ例】

優　秀　良　良　良　優　良　可　不可　不可　不可　……

　選択肢：1．比率尺度　　2．間隔尺度　　3．順序尺度　　4．名義尺度

練習 1-1f　ある大学で学生の出身地（都道府県）を調査したデータ。

【データ例】

東京　東京　神奈川　静岡　東京　埼玉　大阪　東京　神奈川　……

　選択肢：1．比率尺度　　2．間隔尺度　　3．順序尺度　　4．名義尺度

練習 1-1g　チーム対抗玉入れ合戦における，各チームの成績（カゴに入っ
　　　　　　ていた玉の数）を記録したデータ。

【データ例】

20個　23個　22個　37個　32個

　選択肢：1．比率尺度　　2．間隔尺度　　3．順序尺度　　4．名義尺度

練習 1-1h　児童30人の起床直後の体温（℃）を測定したデータ。

【データ例】

36.8　37.0　35.8　36.2　36.5　36.9　36.3　36.5　……

　選択肢：1．比率尺度　　2．間隔尺度　　3．順序尺度　　4．名義尺度

■**練習 1-2**　今度はもう少し実際の調査や実験場面で用いられるデータに近いもので判断してみましょう。先ほどと同様に，次の各データがそれぞれ比率尺度，間隔尺度，順序尺度，名義尺度のうちのどれにあてはまるかを考えてください。ただし，中には判断を間違えやすいものも含まれていますので，測定値のみた目だけで判断するのではなく，それぞれの値が何を表しているのかをよく考えて判断するようにしましょう。

練習 1-2a　その人が得られるソーシャルサポート（周りの人々からの支援）の量を 3 段階（多い＝ 3・中程度＝ 2・少ない＝ 1）で評価したデータ。

【データ例】
3　1　2　3　1　2　2　1　3　3　2　1　3　3　……

　選択肢：1．比率尺度　2．間隔尺度　3．順序尺度　4．名義尺度

練習 1-2b　大学生 100 人を対象に，「自分が困ったときに助けてくれると思う友人」の数を調査したデータ。

【データ例】
5　4　5　4　3　1　5　4　6　4　10　3　……

　選択肢：1．比率尺度　2．間隔尺度　3．順序尺度　4．名義尺度

練習 1-2c　会話時の相手との距離（cm）を測定したデータ。

【データ例】
102　73　53　76　108　82　91　62　……

　選択肢：1．比率尺度　2．間隔尺度　3．順序尺度　4．名義尺度

練習 1-2d　調査参加者の郵便番号（上3桁）のデータ。

【データ例】
192　173　153　176　158　162　212　111　162　……

　選択肢：1.　比率尺度　2.　間隔尺度　3.　順序尺度　4.　名義尺度

練習 1-2e　児童20人を対象に，あるパズル課題を完成させるまでにかかった時間（単位：分）を測定したデータ。

【データ例】
5　15　8　12　7　10　9　12　……

　選択肢：1.　比率尺度　2.　間隔尺度　3.　順序尺度　4.　名義尺度

練習 1-2f　目を閉じたままストップウォッチを10秒ちょうどで止めるという課題を繰返し行ったとき，各回の時間が10秒からどれだけずれていたかを0.1秒単位で記録したデータ。

【データ例】
＋2.0　－1.5　＋0.0　－2.5　－1.5　＋0.5　＋2.5　……

　選択肢：1.　比率尺度　2.　間隔尺度　3.　順序尺度　4.　名義尺度

練習 1-2g　大学生100人を対象に，通学時間（単位：分）について調査したデータ。

【データ例】
15　45　30　60　90　20　40　120　90　70　80　……

　選択肢：1.　比率尺度　2.　間隔尺度　3.　順序尺度　4.　名義尺度

練習 1-2h 大学生 100 人を対象に，以下の分類で通学時間について調査したデータ。

通学時間の分類

1：0 ～ 15 分未満 　　2：15 分～ 30 分未満 　　3：30 分～ 60 分未満

4：60 分～ 90 分未満 　5：90 分～ 120 分未満 　6：120 分以上

【データ例】

5　4　5　4　3　1　5　4　6　4　3　3　……

選択肢：1. 比率尺度 　2. 間隔尺度 　3. 順序尺度 　4. 名義尺度

トピック これって何水準？

　ここまでの練習の中では，心理学専攻の学生にとって馴染み深いと考えられる測定値のいくつかをあえて扱いませんでした。学力テストの点数や，「1：非常にあてはまる」〜「5：まったくあてはまらない」のような5段階あるいは7段階評定尺度の回答値です。これらを含めなかったのは，考え方や状況によって何尺度といえるかが異なる場合があり，練習問題としては適当でないと考えたからです。

　ただ，これらについて改めて考えてみることは，尺度水準についての理解をより深めることにつながるでしょう。そこで，ここではこれらの測定値について少しだけ触れておこうと思います。

　まず学力テストの点数ですが，これはよく「間隔尺度」の例としてあげられるものです。比率尺度ではなく間隔尺度とされる理由は，「国語のテストが0点である」ということが「国語力がない」ということを意味しないというところにあります。つまり，学力テストの「0点」というのは，そのテストで測れる最小値を0とおいているだけであって，絶対的な原点ではないというわけです。なので，テストで100点の人が50点の人の2倍の国語力があるということにはなりません。

　ですが，これが各問1点配点のテストだったとしましょう。するとこの国語の点数は，「何問に正答したか（正答数）」という測定値とみることもできます。この場合，国語の点数は「比率尺度」とみなすこともできるでしょう。なぜなら，「0点」は「正答した問題が1つもない」ということを意味し，40問正答した人は20問正答した人よりも2倍多くの問題に正答しているということがいえるからです。

　このように，何がどの尺度水準かということはじつは結構あいまいで，「○○ならば△△尺度」というような単純なものではないのです。ただ，「間隔尺度」と「比率尺度」の違いについてはそれほど神経質になる必要はありません。というのも，この2つは統計処理においてはほぼ同様に扱えるからです。

　次に，5段階や7段階などの評定尺度の回答値ですが，これらは厳密には順序尺度と考えるべきでしょう。なぜなら，「非常にあてはまる」は「ややあてはまる」

より，そして「ややあてはまる」は「どちらでもない」よりあてはまりの程度が強いとしても，これらの差がどちらも同じという保証がないからです。にもかかわらず，多くの場合これらは「**みなし間隔尺度**」として扱われています。

　そうする理由の大部分は「順序尺度データは分析手法が限られていて不便だから」なのです。ただ，だからといって何の根拠もなく順序尺度を間隔尺度に「格上げ」してよいわけはありません。これらが間隔尺度としてみなされるのは，たとえば5段階の評定尺度は次のような形で用いられることが多く，この場合には「回答者は等間隔と想定して回答している」と考えられなくもないということ，5段階や7段階の尺度得点を間隔尺度として扱った場合と順序尺度として扱った場合の結果に大きな違いがないことなど，そこにはいくつかの根拠があるのです。

非常に あてはまる	やや あてはまる	どちら でもない	やや あてはまらない	まったく あてはまらない
1	2	3	4	5

2 データを要約する指標

この章では，データの中心を代表する値，散らばりを代表する値について
の練習を行います。それぞれの値の求め方，それぞれの値がもつ意味につい
て，しっかり理解するようにしましょう。

2.1 データを代表する値

まずはデータの中心を代表する値（**中心傾向**）についての練習です。中心
傾向の代表値として用いられるものは，主に**最頻値**，**中央値**，**平均値**の3つ
です。**最頻値**はデータの中でもっとも**度数**（測定値の個数）が大きな測定値，
中央値は測定値を大きさの順に並べたときにちょうど中央の位置にあたる値，
平均値は測定値の合計を測定値の個数で均等割した値です。

以下の練習問題で，それぞれの代表値の求め方，意味するところをしっか
り理解できるようにしましょう。

■**練習 2-1**　次のそれぞれのデータについて，指定された代表値を求めてく
ださい。

練習 2-1a　調査対象者の性別の最頻値。
　入力コード：男性：1　女性：2　無回答：3

【データ】
1 2 3 2 2 1 2 2 1 1 3 2

練習 2-1b 学生の出身地（都道府県）を調査したデータの最頻値。

入力コード：東京：1　神奈川：2　埼玉：3　静岡：4　山梨：5

【データ】

2 2 1 2 1 1 3 4 1 2 2 2 5 3 1 1 1 2

練習 2-1c ある模試における生徒 9 人の成績順位の中央値。

【データ】

103　206　321　85　25　153　97　198　302

練習 2-1d ある 8 世帯の年収額（単位：万円）の中央値。

【データ】

250　400　320　800　560　600　750　1200

練習 2-1e あるスポーツチームのここ 10 年間におけるリーグ戦年間順位の中央値。

【データ】

6 位　5 位　4 位　3 位　6 位　5 位　3 位　6 位　6 位　5 位

練習 2-1f 児童 10 人があるパズル課題を完成させるまでにかかった時間（単位：分）を測定したデータの平均値。

【データ】

6　5　4　10　6　5　5　8　6　15

練習 2-1g 目を閉じたままストップウォッチを 10 秒ちょうどで止めるという課題を繰返し行い，各回の時間が 10 秒からどれだけずれていたかを 0.1 秒単位で記録したデータの平均値。

【データ】

2.0　−1.1　0.0　−2.5　−1.5　0.5　1.5　−0.5

練習 2-1h 車を所有している大学生 15 人を対象に「普段，車を運転する頻度」を調査したデータの最頻値と中央値。

回答選択肢

1：毎日　2：週 4〜6 日　3：週 1〜3 日　4：月に数日

5：数カ月に数日　6：それ以下

【データ】

1　2　3　2　1　1　4　1　5　6　6　2　2　3　1

練習 2-1i 大学生 12 人を対象に，「自分が困ったときに助けてくれると思う友人」の数（単位：人）を調査したデータの最頻値，中央値，および平均値。

【データ】

5　4　5　4　1　1　5　4　6　4　6　3

練習 2-1j 歩きスマホの危険度についての評価得点（1：まったく危険でない〜7：非常に危険）の最頻値，中央値，平均値。

※ここでは評価得点を間隔尺度で得られたものとして扱うことにします。

【データ】

6 1 6 2 3 4 3 4 5 4 6 5 5 4 7 7 6 6 7 6

練習 2-1k　会話時の相手との距離（cm）の測定値の最頻値，中央値，平均値。

　※最頻値は 50cm 〜 110cm まで 10cm 刻みの階級で度数をカウントして算出してください。

【データ】

102　73　53　76　108　82　91　62　57　70

■**練習 2-2**　以下のそれぞれのデータについて，算出された代表値が「適切でない」ものを選んでください。なお，適切でないものが 1 つだけとは限りませんので，よく考えて答えを選びましょう。

練習 2-2a　調査対象者が現在の地域に住んでいる年数についての調査結果。

　回答選択肢

　1：1 年未満　2：3 年未満　3：5 年未満　4：10 年未満　5：10 年以上

【データ】

1 3 3 3 2 1 5 1 4 3

　選択肢：

　ア．このデータの最頻値は「5 年未満」である。

　イ．このデータの中央値は 3 である。

　ウ．このデータの平均値は 2.6 である。

練習 2-2b　友人と連絡をとる際に主に使用する連絡手段についての調査結果。

回答選択肢

1：LINE　2：Facebook メッセンジャー　3：SMS

4：電子メール　5：電話　6：その他

【データ】

1 1 1 3 2 1 5 1 4 5 1 5

選択肢：

ア．このデータの最頻値は「1：LINE」である。

イ．このデータの中央値は 1.5 である。

ウ．このデータの平均値は 2.5 である。

練習 2-2c　共働き世帯の貯蓄額（単位：100 万円）についての調査結果。

【データ】

1 2 0 3 0 2 0 10 5 1 0 4 7 1 6

選択肢：

ア．このデータの最頻値は 0 である。

イ．このデータの中央値は 5（500 万円）である。

ウ．このデータの平均値は 2.8（280 万円）である。

練習 2-2d　ある実験課題において，定められた時間内に完成した課題の数を記録したデータ。

【データ】

5 4 5 5 4 5 3 4 5 5

選択肢：

ア．このデータの最頻値は 6 である。

イ．このデータの中央値は 5 である。

ウ．このデータの平均値は 4.5 である。

練習 2-2e　実験参加者が，呈示された画像に含まれている誤りをみつける までにかかった時間（単位：秒）の測定データ。

【データ】

1.2　1.8　1.4　1.6　1.1　2.3　2.1　1.3　2.6　2.6　0.9　1.7　2.0　1.0

2.2

選択肢：

ア．このデータの最頻値は 2.6 である。

イ．このデータの中央値は 1.7 である。

ウ．このデータの平均値は 1.72 である。

2.2　散らばりの指標

　今度はデータの散らばりを代表する値（**散布度**）について練習しましょう。 散布度として用いられるものにはさまざまなものがありますが，ここでは四 分位数，分散，標準偏差の 3 つを扱います。

　なお，以下の問題で取り上げるデータについては，測定値はどれも間隔尺 度（「みなし間隔尺度」を含む）または比率尺度で得られたものとします。

2.2.1　四分位数

　四分位数は，大きさの順に並べられた測定値をちょうど 4 等分する位置に あたる値で，小さいほうから順に第 1 四分位数，第 2 四分位数，第 3 四分位 数とよばれます。なお，第 2 四分位数は測定値を 4 等分する点の 2 つ目であ

り，測定値を $\frac{2}{4} = \frac{1}{2}$ に分割する点なので，中央値と同じ値になります。また，第 3 四分位数と第 1 四分位数の差は**四分位範囲**とよばれます。

■**練習 2-3**　次の各データについて四分位数を求めてください。

練習 2-3a　大学生 10 人の今学期の修得単位数のデータ。

> 【データ】
>
> 12　24　20　22　20　22　18　16　10　20

練習 2-3b　自分が生まれた町に対する愛着の強さの測定値（5 〜 25 点）。

> 【データ】
>
> 16　16　19　18　17　15　21　11　14

■**練習 2-4**　次のデータについて以下の問いに答えてください。

> 【データ】
>
> 自尊心尺度（0 〜 20 点）を用い，2 つの集団で自尊心の高さを測定したデータ。
>
> 　集団 1
>
> 5　16　6　10　18　13　11　6　9　14　7　12
>
> 　集団 2
>
> 9　10　11　11　12　11　9　12　5　9　8　11

練習 2-4a　2 つの集団のデータそれぞれについて四分位数を求めてください。

練習 2-4b 四分位数の説明として適切な文を以下から 1 つ選んでください。

　　ア．第 1 四分位数は最頻値，第 2 四分位数は中央値，第 3 四分位数は平均値である。

　　イ．第 2 四分位数は測定値の中央に位置する値であり，第 1 四分位数と第 3 四分位数はそれぞれ外れ値を除いた最小値と最大値である。

　　ウ．第 2 四分位数は測定値を 2 分する位置にある値であり，測定値全体の半数は第 1 四分位数から第 3 四分位数までの範囲に散らばっている。

　　エ．第 2 四分位数とは，第 3 四分位数と第 1 四分位数の中点に位置する値のことである。

練習 2-4c 求めた四分位数からわかることの説明として適切な文を以下から 1 つ選んでください。

　　ア．集団 1 の得点の最大値は集団 2 の最大値よりも大きい。

　　イ．集団 1 と集団 2 では中央値が大きく異なる。

　　ウ．集団 1 の得点は，集団 2 と比べて全体的に高い値である。

　　エ．集団 1 の得点は集団 2 よりも広い範囲に散らばっている。

2.2.2　分散と標準偏差

　分散は各測定値と平均値の差（**偏差**）の 2 乗を平均した値で，平均値と関連の深い散布度です。また，**標準偏差**は分散の正の平方根をとって測定値と単位が揃うようにした値で，平均値を代表値として用いる場合には，一般にこの標準偏差が散布度として用いられます。

$$分散 = \frac{偏差^2 \,の合計}{測定値の個数} = \frac{(測定値 - 平均値)^2 \,の合計}{測定値の個数}$$

$$標準偏差 = \sqrt{分散}$$

■**練習2-5**　次の各データについて平均値と分散および標準偏差を求めてください。なお，数値が割り切れない場合，小数第3位を四捨五入して小数点以下2桁目までを示してください。

練習2-5a　会話相手に対する好感度評価（7段階評価）。

　評価段階

　1：まったく好感がもてない〜7：非常に好感がもてる

【データ】

7　5　4　6　3

練習2-5b　試験に対する自信についての評価値（7段階評価）。

　評価段階

　1：まったく自信がない〜7：非常に自信がある

【データ】

5　3　5　5　4　1　2　3　3　7

練習2-5c　分散と標準偏差についての説明として適切なものを以下のうちから1つ選んでください。

　ア．各測定値の平均値からのずれ（偏差）を合計したものが分散であり，それらを平均したものが標準偏差である。

　イ．分散は測定値が平均値の周辺にどの程度ばらついているかを示す指標であり，この値を測定値の単位に揃えたものが標準偏差である。

　ウ．分散は測定値の散らばりの幅を示し，標準偏差は散らばりの密度を表している。

　エ．分散はマイナスの値をとることがあるが，標準偏差はつねにプラスの値である。

練習 2–5d　平均値が 50，標準偏差が 10 のデータがあります。このデータに関する以下の記述のうち，内容が正しいものを 1 つ選んでください。

ア．このデータの測定値は，その大部分が平均値周辺の幅 10 の範囲（45 ～ 55）に散らばっている。

イ．このデータの測定値は，その大部分が平均値から幅 10 の範囲（50 ～ 60）に散らばっている。

ウ．このデータの測定値は，その大部分が平均値から幅 10 の範囲（40 ～ 50）に散らばっている。

エ．このデータの測定値は，その大部分が平均値の前後に幅 10 の範囲（40 ～ 60）に散らばっている。

2.2.3　総　合

■**練習 2–6**　ここまでの内容についての総合的な練習をしましょう。それぞれの代表値，散布度の特徴やその違いに注意しながら練習問題に取り組んでください。

練習 2–6a　児童 10 人の知能検査結果（IQ）のデータがあります。このデータの四分位数，および平均値と標準偏差を求めてください。

【データ】
124　100　125　123　110　82　91　101　103　141

練習 2–6b　ツイッターユーザー 10 人を対象としたフォロワー数の調査データがあります。このデータの四分位数，および平均値と標準偏差を求めてください。

【データ】
10　21　15　6　12　50　850　18　3　35

練習 2-6c 散布度について書かれた次の各説明文について，内容の正誤を判断してください。

ア．第3四分位数から第1四分位数を引いた幅（四分位範囲）は標準偏差と同じ大きさになる。 （正・誤）

イ．一般に，第1四分位数と第3四分位数で示される範囲には測定値全体の 50％が，平均値と標準偏差で示される範囲には測定値全体の 70％程度が含まれる。 （正・誤）

ウ．さまざまな散布度の指標のうち，標準偏差は平均値と，四分位数は中央値と組み合わせて使用されることが多い。 （正・誤）

エ．四分位数で示される範囲は外れ値の影響を受けやすいが，標準偏差で示される範囲は外れ値の影響を受けにくい。 （正・誤）

オ．第1四分位数と第3四分位数で示される範囲は第2四分位数（中央値）を挟んで対称とは限らないが，標準偏差で示される幅は平均値の前後に対称である。 （正・誤）

2.3 標 準 化

この章の最後は標準化と標準得点についての練習です。**標準化**とは，測定単位や散らばりがさまざまに異なるデータを特定の基準に揃える操作のことをいいます。一般に，標準化を行う場合には，測定値の標準偏差を基準として，**平均値が 0，標準偏差（および分散）が 1 になるように測定値を変換し**ます。そして，このような操作によって測定値を変換した値が**標準得点（z）**です。

標準得点は，次の式によって求められます。

$$標準得点（z）= \frac{測定値 - 平均値}{標準偏差}$$

また，学力テストなどの場面でよく用いられる**偏差値（学力偏差値）**はこの標準得点に基づく値です。学校のテストでは点数の範囲が 0 ～ 100 点であ

ることが多いため，標準得点を10倍して50を加え，値の大部分がおよそ
40 ～ 60 の間に散らばるようにしたものが学力偏差値なのです。

$$学力偏差値＝標準得点 \times 10 + 50$$

■**練習 2-7**　生徒 5 人分の全国模試（英語：200 点満点）の成績データがあ
ります。

生徒	A	B	C	D	E
点数	70	130	180	90	80

【データ】

練習 2-7a　この 5 人の成績データの平均値と標準偏差を求めてください。
数値は小数第 3 位を四捨五入して 2 桁目まで示してください。

練習 2-7b　この 5 人分の平均値と標準偏差を用いて成績を標準化し，各生
徒の標準得点を求めてください。標準得点は小数点第 3 位を四捨五入して第
2 位まで示してください。

練習 2-7c　標準得点からこの 5 人の学力偏差値を求めてください。

■**練習 2-8**　中学生男子 2 人（いずれも 15 歳）についての体力測定（握力，持久走，50m 走）の記録と，全国平均および標準偏差のデータがあります。このデータをもとに，以下の問いに答えてください。

【データ】

	握力 (kg)	持久走 (秒)	50m 走 (秒)
生徒 A	37	300	8.0
生徒 B	51	420	6.5
全国平均	39	380	7.5
標準偏差	7	56	0.6

練習 2-8a　2 人の生徒の体力測定の記録を，全国平均と標準偏差を用いて標準化してください。計算結果は小数第 3 位を四捨五入して 2 桁目まで示してください。

練習 2-8b　次の各記述について，標準得点からみたこの 2 人の生徒の記録に対する説明として正しいかどうかを判断してください。

　ア．生徒 A は，握力は全国平均よりやや弱い程度であるが，持久走は全国平均よりだいぶ速い。　　　　　　　　　　　　　　　（正・誤）

　イ．生徒 B は，握力は全国平均よりわずかに強いが，持久走の成績は全国平均よりだいぶ遅い。　　　　　　　　　　　　　　（正・誤）

　ウ．生徒 A は 50m 走で全国平均の 0.83 倍，生徒 B は持久走で全国平均の 0.71 倍だけ遅い成績である。　　　　　　　　　　　（正・誤）

　エ．生徒 A は持久走で，生徒 B は 50m 走で，それぞれ全国平均よりも標準偏差 1 つ分以上速い成績を記録している。　　　　　（正・誤）

　オ．生徒 A の記録のうち，全国平均からもっとも離れているのは 50m 走の値である。　　　　　　　　　　　　　　　　　　　（正・誤）

トピック　計算結果が統計ソフトの値と合わない

　特別なソフトを使わなくても計算できるように，本書の練習問題に含まれる数値はできるだけ少なく，単純なものにしてあります。しかし，これは別に表計算ソフトや統計ソフトを使ってはいけないということではありません。複数の測定値を合計したり2乗したりする場合は表計算ソフトなどを使用すれば単純な計算ミスを防ぐことができ，より重要な部分に集中できるようになります。

　ただし，何から何まですべて統計ソフトでやってしまっては練習になりませんので，練習問題ではまずは「統計関数」などは使わずに，合計や2乗のような単純作業の部分だけをソフトに任せるようにしてほしいと思います。一通り自分で計算してみた後には，自分で計算した結果と統計関数で算出した結果を比較してみるのもよいでしょう。ただし，その際に注意すべき点があります。それは，手計算の結果とソフトによる計算結果がぴったり合わない場合がたびたびあるということです。

　その原因の一つは，いわゆる「**丸め誤差**」によるものです。丸め誤差とは，計算途中に「$\sqrt{2}$」のような割り切れない数値があった場合に，その端数を省略することによって生じる誤差のことです。表計算ソフトや統計ソフトでは，計算途中も端数は可能な限り維持されるため，丸め誤差は非常に小さなものになります。しかし手計算では，小数点以下数桁で切り捨てたり四捨五入したりしてそれ以後の計算をするので，丸め誤差が大きくなりがちなのです。ただ，ほとんどの場合，小数点以下3～4桁程度を維持して計算すれば，値が大きく異なることはないでしょう。

　もう一つの原因に，本書や一般的な統計のテキストで説明されている計算方法と，統計ソフトで使用されている計算方法が必ずしも同じではないということがあげられます。たとえば，この章で取り上げた分散の計算式は，手元にある測定値を「データ全体」とみなす場合の計算方法で，偏差2乗の合計値を測定値の個数で割って分散を求めています。しかし，一般的な統計ソフトでは，手元にあるデータを「より大きなデータの一部」として扱うため，分散の計算式には以後の章で取り上げる「不偏分散」の式を用いています。これは偏差2乗の合計を「測定値の個数

－1」で割って求めたものなので，手計算で求めた分散よりもわずかに大きな値になります。同じことが，共分散や標準偏差についてもあてはまります。

　なお，Excel の統計関数では分散や標準偏差を求めるための関数が複数種類用意されており，手計算の場合と同じ値を求めたければ「VAR.P」関数（分散）と「STDEV.P」関数（標準偏差）を，一般的な統計ソフトと同じ値を求めたければ「VAR.S」関数（分散）と「STDEV.S」関数（標準偏差）という形で使い分けができます。

　こうした違いに関して，分散や標準偏差以上にややこしいのが四分位数です。本書で用いている四分位数の求め方は，一般的な統計法の教科書で説明されているのと同じものです。しかし，四分位数の求め方に関しては，「データ全体の 1/4」をどのように定義するかについて複数の考え方があり，それぞれ少しずつ計算方法が異なります。四分位数の算出方法には，なんと 10 種類近いバリエーションが存在するのです。しかも，ソフトによってどの方法を採用しているかも異なり，使用するソフトによって四分位数の値がすべて違うということすらあり得ます。

　もちろん，値が違うといってもその違いはわずかであり，測定値がたくさんある場合には無視できる程度のものなのですが，実際の分析で「数値が合わない！」と慌てたりすることがないように，そうした違いがあるということは知っておいたほうがよいでしょう。

3 関係を要約する指標

　この章では，2つのデータ間の関係を要約する値について扱います。2つのデータの間にどんな関係があるのか，その関係は強いのか弱いのかを示すことも記述統計における重要な部分です。また，測定値の尺度水準によって用いられる指標が異なるので，その点にも注意してください。

3.1 共分散と相関係数

　共分散や相関係数は，ペアになる2つの測定値間の関係の向きと強さを示す値です。これらの値がプラスの場合，ペアの一方の値が大きいほどもう一方の値も大きいという**正の相関**が，マイナスの場合にはペアの一方の値が大きいほどもう一方の値は小さいという**負の相関**があることを示します。また，値の絶対値が大きくなるほど，それらの関係がより強いことを意味します。

　共分散は，各測定値ペアの「偏差の積」を平均した値です。一方のデータを X，もう一方を Y としたとき，共分散の式は次のようになります[*1]。

$$共分散 = \frac{[(X-Xの平均値) \times (Y-Yの平均値)] \, の合計}{測定値のペアの数}$$

　また，共分散をそれぞれのデータの標準偏差の積で割って標準化したものを**ピアソンの積率相関係数**（r）あるいは単に**相関係数**とよびます。相関係数はつねに $-1 \sim 1$ の範囲の値になります。

[*1]　分散と同様に，一般的な統計ソフトは共分散の値についても「不偏共分散」（測定値ペアの数 -1 で割ったもの）を算出します。この計算式の結果と一致させるには，統計ソフトの値に「測定値ペアの数 -1」を掛け，「測定値ペアの数」で割るという変換が必要になります。

$$相関係数 (r) = \frac{共分散}{X の標準偏差 \times Y の標準偏差}$$

相関係数がどの程度の大きさであれば相関が強いといえるかについては研究対象によっても異なり，決まった基準というものはありません。しかし，一般的には次のような目安がよく用いられています。

相関係数の絶対値	解釈
0	相関なし
～ 0.2	ほとんど相関なし
～ 0.4	弱い相関あり
～ 0.7	中程度の相関あり
～ 1.0	強い相関あり

■**練習 3-1**　次のデータ X, Y, Z を用いて以下の各値を求めてください。

【データ】

	1	2	3	4	5	平均値
X	10	8	4	7	6	7
Y	19	1	10	7	13	10
Z	50	40	20	35	30	35

練習 3-1a　X と Y の共分散。

練習 3-1b　X の分散，および X と X（X 同士）の共分散。

練習 3-1c　X と Y，Y と Z の相関係数。

練習 3-1d　X と Y の標準得点。

練習 3-1e　X と Y の標準得点の共分散。

■**練習 3-2**　ある実験に 5 人が参加しました。次のデータは，各参加者が課題完了までに要した時間と課題の正答率です。

【データ】

	参加者					平均値
	1	2	3	4	5	
完了時間（分）	8	16	18	14	9	13
正答率（%）	70	85	80	90	60	77

練習 3-2a　課題完了時間と正答率の共分散と相関係数を求めてください。

練習 3-2b　この共分散および相関係数からいえることとして，適切なものを 1 つ選んでください。

　ア．共分散の範囲に収まる測定値のペアは，全体の約 7 割である。

　イ．共分散の値は，完了時間 1 分あたりの正答率を要約した値である。

　ウ．共分散は大きな値であるが相関係数が 1 より小さいため，2 つのデータの間に関連があるとはいえない。

　エ．課題の完了時間が長い（遅い）参加者ほど，課題正答率が高い傾向にある。

■**練習 3-3**　大学生 6 人を対象に，内向性得点（5 ～ 25 点）と SNS で他人の投稿に「いいね」をする頻度（1 週間あたりの回数）を調査しました。

【データ】

	学生						平均値
	1	2	3	4	5	6	
内向性得点	9	21	15	13	19	7	14
「いいね」の数	16	7	1	9	3	6	7

練習 3-3a　内向性得点と「いいね」の回数の間の相関係数を求めてください。

練習 3-3b　この相関係数の解釈として，適切なものを 1 つ選んでください。

　ア．「いいね」の回数が少ない人ほど内向性が高い傾向にある。

　イ．内向性の低い人ほど「いいね」の回数が少ない傾向にある。

　ウ．内向性と「いいね」の回数の間に関連はみられない。

　エ．「いいね」の回数は内向性の高さによって決まる。

3.2　順位相関係数

　得られたデータが順序尺度によるものである場合，その関係を記述する際には**順位相関係数**が用いられます。順位相関係数の代表的なものとしては**スピアマンの順位相関係数**（r_s または ρ）と**ケンドールの順位相関係数**（τ）がありますが，本書ではスピアマンの順位相関係数のみを扱います。

　スピアマンの順位相関係数は，ペアとなる測定値間の順位の差を求め，それらを 2 乗して合計した値を用いて，次の式により算出します。

$$順位相関係数（r_s）= 1 - \frac{順位の差^2 の合計 \times 6}{測定値ペアの個数 \times (測定値ペアの個数^2 - 1)}$$

■練習 3-4　あるアイドルグループのメンバー 5 人について東京と大阪で人気投票を行ったところ，その順位が次のような結果になりました。

【データ】					
	メンバー				
	A	B	C	D	E
東京	2位	1位	5位	4位	3位
大阪	4位	5位	2位	1位	3位

練習 3-4a　メンバー 5 人の東京における人気順位と大阪における人気順位について，スピアマンの順位相関係数を求めてください。

練習 3-4b この順位相関係数の解釈として適切なものを 1 つ選んでください。

ア．大阪の結果は東京の結果に比べてばらつきが少ない。

イ．東京と大阪では全体的にメンバーの人気順位が逆転している。

ウ．東京と大阪で全体的にメンバーの人気順位は類似している。

エ．東京と大阪でメンバーの人気順位に特定の傾向はみられない。

■**練習 3-5** あるクラスの児童 5 人について，今学期の「家庭」と「生活」の学年全体での成績順位を記録したデータがあります。

【データ】

	児童				
	1	2	3	4	5
家庭	19	39	27	15	32
生活	30	18	28	5	22

練習 3-5a このデータから，この 5 人の 2 教科の成績についてスピアマンの順位相関係数を求めてください。

練習 3-5b この順位相関係数の解釈として適切なものを 1 つ選んでください。

ア．この 2 教科では，「家庭」の成績が良い児童は「生活」の成績も良い傾向にある。

イ．この 2 教科では，「家庭」の成績が良い児童は「生活」の成績は悪い傾向にある。

ウ．この 2 教科の成績順位では，「家庭」と「生活」の成績順位は完全に異なっており，逆である。

エ．この 2 教科の成績順位には，「家庭の順位が～なら生活の順位は～」という関係はみられない。

■**練習 3-6**　次の表は，大手インターネットショッピングサイト 2 社に出店
しているショップ 7 店の，各ショッピングサイトでのユーザー評価（星の数
の平均値）をまとめたものです。

【データ】

		ショップ						
		1	2	3	4	5	6	7
サイト A		4.9	2.8	3.6	4.3	4.1	3.1	3.2
サイト R		3.9	3.3	3.7	4.1	2.2	2.4	2.6

練習 3-6a　このデータをもとに，2 つのインターネットショッピングサイ
トでの各ショップの評価順位についてスピアマンの順位相関係数を求めてく
ださい。

練習 3-6b　この順位相関係数の解釈として適切なものを 1 つ選んでくださ
い。

　ア．サイト A よりもサイト R のほうがショップ評価が厳しい傾向にある。

　イ．サイト A とサイト R では評価の高いショップが大きく異なる。

　ウ．サイト A とサイト R で，ショップの評価順は中程度に類似している。

　エ．サイト R におけるショップ評価のばらつきはサイト A の半分程度で
　　　ある。

　スピアマンの順位相関係数は順序尺度データの相関を表す指標ですが，ピ
アソンの積率相関係数とも深い関係にあります。ピアソンの積率相関係数と
スピアマンの順位相関係数の関係についてみておきましょう。

■**練習 3-7**　次のデータは，記憶課題における記銘から再生までの遅延時間
（分）と課題成績（正答数）をまとめたものです。

【データ】

	1	2	3	4	5	平均値
遅延時間（分）	5	2	4	1	3	3
正答数	3	4	1	5	2	3

練習 3-7a 遅延時間と正答数の間のピアソンの積率相関係数を求めてください。

練習 3-7b 遅延時間と正答数の間のスピアマンの順位相関係数を求めてください。

■練習 3-8 次のデータは，学生 10 人の心理統計法の期末試験の点数とそのテスト前 1 週間の自宅での学習時間（単位：時間）です。

【データ】

	学生										平均値
	1	2	3	4	5	6	7	8	9	10	
学習時間	2	1	11	3	15	9	12	6	5	16	8
期末試験	1	0	27	2	42	26	40	25	17	90	27

練習 3-8a 学習時間と期末試験成績の間のピアソンの積率相関係数を求めてください。

練習 3-8b 学習時間と期末試験成績の間のスピアマンの順位相関係数を求めてください。

3.3 連関係数

　名義尺度データ間の関係（連関）を示す指標（連関係数）にもさまざまな
ものがありますが，その中でも φ（ファイ）**係数**[*2] や**クラメールの連関係
数**（V）がよく知られています。

3.3.1 φ 係 数

　φ 係数は，2 行 2 列（2×2）のクロス集計表で行と列の間にどの程度関係
がみられるかを示す値です。クロス集計表の各セル（表のマス）と周辺度数
（行・列の度数の合計）を次のように表したとき，φ 係数は次の式によって
求められます。

	列 1	列 2	計
行 1	（ア）	（イ）	（カ）
行 2	（ウ）	（エ）	（キ）
計	（ク）	（ケ）	

$$\varphi \text{係数} = \frac{(\text{ア}) \times (\text{エ}) - (\text{イ}) \times (\text{ウ})}{\sqrt{(\text{カ}) \times (\text{キ}) \times (\text{ク}) \times (\text{ケ})}}$$

■**練習 3-9**　次のクロス表は，男女各 50 人を対象に，甘いものの好き嫌い
について調査した結果をまとめたものです。

【データ】

	好き	嫌い	計
女性	40	10	50
男性	10	40	50
計	50	50	100

[*2]　ファイの文字は ϕ と φ の 2 通りがあり，近年は φ を使うのが一般的なような
ので，本書でも φ を用いることにします。

練習 3-9a このクロス表から，男女の甘いものの好き嫌いについて φ 係数を求めてください。

練習 3-9b この連関係数の解釈として適切なものを1つ選んでください。

ア．男性で甘いものが好きな人は女性に比べて4割少ない。

イ．男性で甘いものが好きな人は女性の4割である。

ウ．甘いものの好き嫌いと性別には関連はない。

エ．甘いものの好き嫌いは性別と関連している。

■**練習 3-10** メッセージの発信者とメッセージの影響力に関連があるかどうかを確かめるため，健康問題に関するショッキングな内容の架空の SNS 投稿を作成して実験を行いました。実験では，参加者（$N=55$人）を2つのグループに分け，一方のグループにはそのメッセージの投稿者が医師であると伝え，もう一方のグループには投稿者は会社員であると伝えて，その投稿をシェアしたいと思うかどうかを回答してもらいました。その結果をまとめたものが次のクロス表です。

【データ】

	シェアする	シェアしない	計
会社員の投稿	5	20	25
医師の投稿	20	10	30
計	25	30	55

練習 3-10a この結果について，メッセージの投稿者と影響力の間の φ 係数を算出してください。

練習 3-10b　この連関係数の解釈として適切なものを 1 つ選んでください。

　ア．会社員による投稿メッセージにはマイナスの影響力がある。

　イ．会社員の投稿メッセージの約半数は無責任なもので信頼性がない。

　ウ．メッセージの発信者とメッセージの影響力には関連がみられる。

　エ．メッセージの影響力は発信者が誰かということとは関連しない。

■**練習 3-11**　「ホームコート・アドバンテージ[*3]」がスポーツ以外でもみられるかどうかを知りたいとします。そこで，寮で生活する大学生を対象に少しばかり面倒な頼みごとをし，対象者がその頼みごとを断るかどうかと，その頼みごとが対象者自身の部屋（ホーム）で行われたか，実験者（大学生）の部屋（アウェー）で行われたかに関係があるかどうかを調べる実験を行いました。全部で 20 人の対象者に対し，実験者または対象者の部屋で頼みごとをした結果が次の表です。

【データ】

	対象者									
	1	2	3	4	5	6	7	8	9	10
状況（ホーム=1，アウェー=−1）	−1	−1	−1	1	−1	1	1	−1	1	1
結果（拒否=1，承諾=−1）	1	−1	−1	1	−1	1	1	−1	1	−1

	対象者									
	11	12	13	14	15	16	17	18	19	20
状況	−1	−1	1	1	−1	−1	−1	1	1	1
結果	−1	−1	1	1	−1	1	−1	−1	1	1

練習 3-11a　このデータから頼みごとの状況と受け入れ結果の連関係数（φ係数）を求めてください。

[*3]　ホームでの試合のほうがアウェーより有利であるということ。

練習 3-11b　この連関係数の解釈として適切なものを 1 つ選んでください。

　ア．頼みごとをされる状況とそれを断れるかどうかには関連がある。

　イ．アウェーの状況では頼みごとを断れる確率が約半分になる。

　ウ．面倒な頼みごとを断れるかどうかと状況は無関係である。

　エ．ホームの状況では，実験者の影響力は約半分になる。

練習 3-11c　このデータをそのまま用いて（1 と −1 の値を用いて），頼みごとの状況と受け入れ結果のピアソンの積率相関係数を求めてください。

3.3.2　クラメールの連関係数

　φ 係数は 2 行 2 列のクロス集計表でしか使用できませんが，クラメールの連関係数（V）はそれより大きさなクロス表でも連関の強さをみることができます。

　クラメールの連関係数の求め方は少しばかり複雑で，この値を求めるためにはその計算過程で χ^2（カイ 2 乗）という値が必要になります。χ^2 は「想定される結果」と「実際の結果」のずれの大きさを数値化するもので，クラメールの連関係数では「連関が 0」の場合に想定されるクロス表の度数と実際の度数とのずれについてこの値を算出します。なぜなら，この値が大きなほど「連関が 0 でない（＝連関が強い）」ということになるからです。

　χ^2 を求めるにはまず「連関が 0」の場合に想定されるクロス表の度数（これは**期待度数**と呼ばれます）を求める必要があります。各セルの期待度数は，そのセルの行の合計と列の合計を掛け合わせたものを全体の度数で割ったものです。この手順を 2×2 のクロス表に示すと**表 3.1** のようになります。

表 3.1　連関がない場合に想定されるクロス集計表

	列 1	列 2	計
行 1	(カ)×(ク) (コ)	(カ)×(ケ) (コ)	(カ)
行 2	(キ)×(ク) (コ)	(キ)×(ケ) (コ)	(キ)
計	(ク)	(ケ)	(コ)

　このようにして各セルの期待度数を求めたら，それぞれのセルについて実際の度数（これは**観測度数**とよばれます）と期待度数の差を求め，その値を 2 乗してさらに期待度数で割ります。そしてそれらを合計したものが χ^2 です。この χ^2 の値は，度数・比率の検定（第 7 章）で使用する χ^2 と同じものです。

$$\chi^2 = \frac{(観測度数 - 期待度数)^2}{期待度数} \, の合計$$

　クラメールの連関係数（V）は，この χ^2 の値を次の式で変換して求めます。

$$クラメールの連関係数（V）= \sqrt{\frac{\chi^2}{総度数 \times (行数と列数の小さいほうの数 - 1)}}$$

　式の中の「行数と列数の小さいほうの数」は，2 行 3 列や 3 行 2 列のクロス表なら「2」，3 行 4 列や 4 行 3 列なら「3」となります。2 行 2 列の場合には「2」で計算します。

　クラメールの連関係数は相関係数や φ 係数と違って 0 ～ 1 の範囲をとり，マイナスの値は存在しません。また，2 行 2 列のクロス表でクラメールの連関係数を求めた場合，φ 係数の絶対値と同じ値になります。

　なお，クラメールの連関係数はクロス表のサイズが大きいときには相関係数や他の連関係数に比べて小さい値になりやすく，0.2 ～ 0.3 程度でも連関があるとみなされることが多いようです。

■**練習 3-12**　前後の文脈と表情の認識に関連性があるのかどうかをみるために，中立顔（とくに感情を抱いていないときの表情）の写真刺激を用意し，お笑いシーンの直後または悲劇シーンの直後にその写真を呈示して表情を判断させるという実験を行いました。次の表は，その結果をまとめたものです。

【データ】

場面	認識された表情			計
	笑い	無感情	悲しみ	
お笑い	6	22	1	29
悲　劇	2	18	9	29
計	8	40	10	58

練習 3-12a　このデータを用いて，呈示場面と表情認識の間でクラメールの連関係数を算出してください。

練習 3-12b　この連関係数の解釈として適切なものを1つ選んでください。

　ア．表情がどのように認識されるかは，それを見る状況と関連している。

　イ．表情がどのように認識されるかは，状況に依存せず一定である。

　ウ．画像を呈示される状況によって，3割以上の人が表情の判断を間違える。

　エ．笑いの状況による表情認識への影響は，悲しみによる影響の3割程度である。

トピック　相関関係と因果関係

　この章では，ピアソンの相関係数を中心に2つのデータ間の関係をみる方法について学んできました。ここで注意してほしいのが，相関係数は**相関関係**を示す指標の一つであって，**因果関係**を示すものではないということです。分析結果を解釈する際には，この2つを混同しないように注意が必要です。

　相関係数が大きな値である場合，それはペアになっている2つの値のうち「どちらか一方の値が大きい場合にはもう一方の値も大きい」というような，一定の法則性があることを意味します。これは，あくまでも「両方の値が似た傾向をもっている」ということであって，「片方の値が大きくなることでもう一方の値が大きくなる」ということではありません。

　このような，「一方の値が大きくなることでもう一方の値が大きくなる」という関係は，相関関係ではなく因果関係です。**因果関係**は原<u>因</u>と結<u>果</u>が明確な関係のことで，たとえば「雨量が増える（原因）と川の水量が増える（結果）」というのがこれにあたります。

　これに対し，**相関関係**というのは<u>相</u>互に<u>関</u>連がみられる関係ということであって，どちらが原因でどちらが結果ということは想定していません。つまり，相関が強いというのは単に「関連が強い」あるいは「よく似ている」というだけなのです。相関係数からは2つのうちのどちらが原因でどちらが結果なのかはわかりませんし，じつはそれらが互いに直接的に関連しているのか，それとも間接的に関連しているのかすらもわかりません。

　もちろん，親子の身長に相関があったというような場合には，親の身長が原因で子供の身長が結果というように，相関係数から因果関係を推測することもできるでしょう。しかし，たとえば「ストレスに対する打たれ弱さ」と「抑うつ傾向」の間に相関があったというような場合では，「打たれ弱い」から「抑うつ傾向が高くなる」のか，「抑うつ傾向が高い」から「打たれ弱い」のかまではわからないのです。

　また，相関関係や因果関係の説明でしばしば取り上げられる例に「月間のアイス

クリーム販売量と犯罪発生率の間には正の相関関係がある」というものがあります。さて，アイスクリームの販売量と犯罪に一体どんな関係があるのでしょうか。アイスクリームをたくさん食べると犯罪を犯しやすくなるのでしょうか。

　もちろんそうではありません。実際は，アイスクリームがたくさん売れる夏の間は（潜在的な加害者も含めて）多くの人が外出し，さまざまな集まりに参加したり，お酒を飲んで開放的になったりする機会が増えるため，それが原因で暴力犯罪に巻きこまれる可能性が増加するのだと考えられています。つまり，アイスクリームが売れるのと犯罪が増えるのは直接的に関係しているわけではなく，両方とも夏の高い気温によって引き起こされる結果だということになります。これは「**疑似相関（見せかけの相関）**」とよばれるものの典型ですが，相関係数そのものからは，それが見せかけであるのかどうかまではわかりません。

　結局のところ，相関係数や連関係数はさまざまなデータの間の関係についての可能性を示す一つの手がかりにすぎません。最終的な判断は統計ではなく人間の仕事です。相関係数や連関係数を解釈する場合には，「係数が大きい＝関連がある」というような機械的な判断ではなく，さまざまな可能性を考慮しながら注意深く判断する必要があります。

第 **II** 部

推測と検定
一般的傾向の把握

　統計法の授業では，記述統計の部分は理解できても，推測統計や検定になると途端についていけなくなるという人も多いのではないでしょうか。推測統計では，「母集団」や「確率分布」のような抽象的な概念が多数登場しますし，また統計的仮説検定の考え方は「差がある」ことを示すのではなく「差がないとはいえない」ことを示すという，非常に独特なもののため，それが理解を困難にしているのではないかと思います。

　この第 II 部では，推測統計の基礎，およびその応用である統計的仮説検定について，できるだけその考え方や仕組みがわかるような形で練習を行いたいと思います。

4 推定と検定

まず推測統計の基本的な考え方，それを応用した統計的仮説検定の基本的な考え方について理解するための練習を行います。

4.1 母集団と標本

まずは推測統計の基本です。母集団と標本の違い，母集団と標本の関係について，しっかり理解しましょう。

■**練習 4-1**　以下の各文章を読み，内容の正誤を判断してください。

練習 4-1a　関心のある対象全体を「母集団」，その中から選ばれた一部のことを「標本」という。　　　　　　　　　　　　　　　　　　　（正・誤）

練習 4-1b　日本に住む女性の平均身長を調べるため，100 人の女性を選んでその身長を測定したとする。この場合，「日本に住む女性」が母集団であり，「100 人の女性」が標本である。　　　　　　　　　　　　（正・誤）

練習 4-1c　高校生の学力調査では，高校生全体が標本，その母親全体が母集団である。　　　　　　　　　　　　　　　　　　　　　　（正・誤）

練習 4-1d　視聴率の調査では，テレビを所有している世帯全体が母集団，そのうちで視聴率調査の対象となっている世帯が標本である。　　（正・誤）

■**練習 4-2** 母集団のもつ値が正規分布になっているとします。その場合，そこから得られる標本についてはどのようなことがいえるでしょうか。次の各説明文について，内容の正誤を判断してください。

練習 4-2a 正規分布する母集団から抽出された標本の値は，どんな場合も正規分布になる。 (正・誤)

練習 4-2b 母集団から同じ大きさの標本を無作為抽出して平均値を求める操作を繰り返したとき，その平均値の分布は正規分布に近づく。 (正・誤)

練習 4-2c 母集団から無作為に抽出された標本の平均値は，つねに母集団の平均値と同じになる。 (正・誤)

練習 4-2d 母集団から無作為に抽出される標本の標本サイズが大きくなると，その標本から母集団の値について正確な推測値が得られる可能性が高まる。 (正・誤)

練習 4-2e 母集団から無作為に抽出された標本の標準偏差が標準誤差である。 (正・誤)

4.2 母集団の推定

　次に，母集団がもつ値の推定についての練習です。少数の標本データから母集団全体についての推測を行うということがどういうことかをイメージできるようにしましょう。

■**練習 4-3**　平均値 0, 標準偏差 1 の（標準）正規分布（下図）があります。この分布について，以下の練習を行ってください。

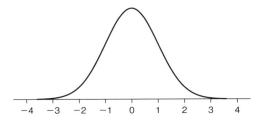

練習 4-3a　図の横軸上でこの分布の平均値に該当する箇所に×印をつけてください。また，この分布で平均値の前後に標準偏差 1 つ分の範囲を示してください。

練習 4-3b　この分布において，平均値を中心とする両側 95％の範囲（分布全体の 95％を含む範囲）を図に示してください。

■**練習 4-4**　平均値 50, 標準偏差 10 の正規分布（下図）があります。この分布について，以下の練習を行ってください。

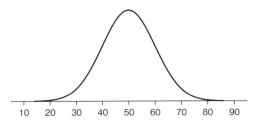

練習 4-4a　図の横軸上でこの分布の平均値に該当する箇所に×印をつけてください。また，この分布で平均値から前後に標準偏差 1 つ分の範囲を塗りつぶしてください。

練習 4-4b　この分布において，平均値を中心とする両側 95％の範囲（分布全体の 95％を含む範囲）を図に示してください。

練習 4-4c　このような分布をもつ母集団から標本サイズ 16 の標本を無作為抽出するとき，その標本における平均値の期待値を横軸上に示してください。

練習 4-4d　このような分布をもつ母集団から標本サイズ 16 の標本を無作為抽出するとき，その標本における平均値の標準誤差の範囲を横軸上に示してください。

■**練習 4-5**　平均値 15，標準偏差 9 の正規分布をもつ母集団があります。この母集団について，以下の練習を行ってください。

練習 4-5a　この母集団から標本サイズ 9 の標本を無作為抽出するとします。このとき，その標本における平均値の分布（標本分布）は下の図の a と bのどちらになると考えられるでしょうか。

　※ここではグラフの高さが両者で同じになるようにして示してあります。

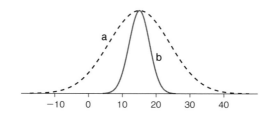

練習 4-5b　この母集団から標本サイズ 9 の標本を無作為抽出するとき，その標本の平均値の期待値と，その両側 95％の範囲を図に示してください。

練習 4-5c　この母集団から標本サイズ 9 の標本を無作為抽出して平均値を算出したところ，その値は 12 でした。この標本の値をもとに「平均値の 95％の信頼区間」を算出してください。その範囲に母集団の平均値は含まれているでしょうか。また，その区間を練習 4-5b の図に示すとどうなるでしょうか。

練習 4-5d　同様にして再度標本サイズ 9 の標本を無作為抽出したところ，今度は標本の平均値が 20 でした。この場合，平均値の 95％の信頼区間に母集団の平均値は含まれているでしょうか。また，その区間を練習 4-5b で用いた図に示すとどのようになるでしょうか。

練習 4-5e　同様にして再度標本サイズ 9 の標本を無作為抽出したところ，今度は標本の平均値が 5 でした。この場合，平均値の 95％の信頼区間に母集団の平均値は含まれているでしょうか。また，その区間を練習 4-5b の図と同じ図の上に示すとどのようになりますか。

練習 4-5f　ここまでの練習を踏まえ，以下の説明文のうち「平均値の 95％信頼区間」についての説明として適切なものを 1 つ選んでください。

ア．95％の確率で平均値が正しいといえる範囲のことである。

イ．確率的に母集団分布の 95％を含む範囲である。

ウ．確率的に母集団の平均値の 95％が含まれる範囲である。

エ．ある母集団から無作為抽出された同サイズの標本における平均値のうち，確率的にその 95％が収まる範囲である。

オ．同手順で標本抽出と信頼区間の算出を繰返し行ったとき，そのうち 95％で母集団をとらえていると考えられる範囲である。

■**練習 4-6**　正規分布であると考えられるある母集団から無作為抽出したところ，次の標本が得られました。この標本をもとに，母集団の平均値およびその 95％信頼区間を推定してください。

【データ】

14　10　27　16　37　18　25　40　29

4.3 統計的仮説検定

次章からは代表的な統計的仮説検定の練習になりますが，その前に統計的仮説検定の基本的な考え方について確認しておきましょう。

■**練習 4-7** 次の文章の空欄（ア）〜（ケ）に，語群から適切な語を選んで入れてください。

統計的仮説検定（以後，検定）とは，推測統計の考え方を応用して，母集団についての仮説の確からしさを判断する方法です。検定では（　ア　）と（　イ　）という 2 種類の仮説を使用します。このうちの（　ア　）は，「差がない」「関係がない」という形のもので，（　イ　）は，「差がある」「関係がある」という形をとります。

また，検定において仮説の真偽を判断するために用いる値のことを（　ウ　）といいます。検定では，（　ア　）が正しいという想定のうえで標本から算出した（　ウ　）が，確率的に極めてまれである場合に，（　ア　）は誤りであるとみなし（　イ　）を採用します。このとき，それがどの程度であれば「確率的に極めてまれ」とみなすかの基準を（　エ　）といい，一般には「5%」が使用されます。

この（　エ　）は，「帰無仮説が正しいのにそれを棄却してしまう」誤り，すなわち（　オ　）を犯す確率でもあります。一般に，この（　オ　）の確率の大きさはギリシャ文字の（　カ　）で表されます。また，「帰無仮説が誤りであるのに棄却しない」誤りは（　キ　）とよばれ，この確率の大きさはギリシャ文字の（　ク　）で表されます。なお，この誤りを犯さない確率（1−（　ク　））のことを（　ケ　）といいます。

【語群】

a. 母集団　　b. 標本　　c. 帰無仮説　　d. 中心仮説

e. 平面仮説　　f. 対立仮説　　g. 標本統計量　　h. 検定統計量

i. 有意水準　　j. 危険水準　　k. 第1種の誤り　　l. 第2種の誤り

m. α（アルファ）　　n. β（ベータ）　　o. γ（ガンマ）

p. δ（デルタ）　　q. 効果量　　r. 尤度　　s. 検定力

トピック　表計算ソフトと統計量

　これまでに何度もみてきているように，z は標準正規分布とよばれる平均値 0，標準偏差 1 の正規分布に従う統計量です。正規分布はこれまでの練習の中で何度もみてきた通り，左右対象の釣鐘型をしているわけですが，あの形はどのようにして求められるのでしょうか。推測統計で用いられるさまざまな分布は，その多くが**確率密度関数**とよばれる数式によって記述されています。そして，平均値の信頼区間のところで出てきた z の「両側 5% の臨界値」といった値は，その確率密度関数から算出されているのです。

　ただ，確率密度関数自体がそもそも複雑ですし，値の算出には積分などの複雑な計算も必要になりますので，関数（式）で記述されているからといって，必要な値を簡単に計算できるわけではありません。そのため統計法の教科書では，確率密度関数を用いてあらかじめ算出した値を数値表の形にまとめ，それを巻末に掲載していることがほとんどです。そして，計算過程で必要に応じてそれらの数値表から必要な値を探して使うというのが一般的な流れです。しかし最近では，Excel や Google スプレッドシートなどの表計算ソフトにも「統計関数」が用意されており，それらを用いれば数値表より詳細な値を簡単に求められるようになりました。そのため，本書には数値表はごく最低限のものしか含めていません。

　ここで，それら統計関数の使い方について簡単にみておきましょう。たとえば，平均値の 95% 信頼区間で使用した，両側確率 5% の z の臨界値は，表計算ソフトの入力欄に次の式を入力して求めることができます。カッコの中には，求めたい確率の値を指定します。なお，この関数は分布の下側（左側）の確率を基準に計算しますので，両側で 5%（つまり上側 2.5% と下側 2.5%）の値を求めたい場合には，その半分の確率（0.025）を用いて計算する必要がある点に注意してください。また，上位 2.5% の臨界値については，下（左）から $100 - 2.5 = 97.5$% の臨界値を求める形になります。

【下側2.5%の臨界値】　　　　　　　　**【上側2.5%の臨界値】**

　=NORM.S.INV (0.025)　　　　　　　=NORM.S.INV (1−0.025)

　これらの関数を用いると，「−1.959963985」や「1.959963985」という値が表示されるはずです。本書の中では「−1.960」や「1.960」としていますが，これは小数点以下を3桁に丸めた値です。

　zでなく自由度9のtの両側5%の臨界値が必要な場合には，次の関数を使用します。カッコの中の1つ目の値は両側確率（5% = 0.05），2つ目は自由度です。zの場合と異なり，これは両側（の外側）の確率を基準に計算しますので，確率値は5%（0.05）をそのまま指定します。

　=T.INV.2T (0.05,9)

　すると，「2.262157163」というように値が求まったはずです。

　こうした関数を用いれば，95%信頼区間だけでなく，99%信頼区間についても必要な値を求めることが可能になります。たとえば，99%信頼区間の算出に必要なzの値（両側1%（上側0.5%）の臨界値）あるいは，自由度12のtの値が必要だったとしましょう。その場合，

【zの臨界値】　　　　　　　　　　**【自由度12のtの臨界値】**

　=NORM.S.INV (1−0.005)　　　　　　=T.INV.2T (0.01,12)

　とすることで，それぞれ「2.575829304」「3.054539589」という結果が得られたと思います。

　表計算ソフトに用意されている関数は基本的なものだけで，統計ソフトに比べれば算出できる値の種類は少ないですが，ほとんどの場合はこれらで事足りるでしょう。

5 平均値の検定

　本章では，主に t 検定を用いた平均値の検定について理解を深めましょう。基本的に，統計的検定では「**帰無仮説が正しい**」場合を想定して計算を行います。たとえば，平均値の検定では，「帰無仮説が正しい」なら標本の平均値（あるいは平均値の差）がどれくらいの値になると考えられるかを計算するわけです。そして，実際に手元にある標本の平均値（あるいはその差）がその想定される値から大きくずれているならば，「帰無仮説が正しい」という仮定に無理があると考え，帰無仮説を棄却して**対立仮説**を採用します。このようにして，帰無仮説が棄却された場合（対立仮説が採用された場合）を「有意」とよびます。平均値の差の検定の場合，「有意差あり」という表現がよく用いられます。

　なお，手元の標本の値（平均値またはその差）が「帰無仮説が正しい」という仮定のもとで想定される範囲内であった場合（帰無仮説が棄却されない場合）は「有意でない」（平均値の差の検定では「有意差なし」）とよばれますが，この場合の解釈には注意が必要です。平均値の検定における「有意差がない」という結果には，「差がない（値が同じ）」という場合と「差があるとみなすには根拠が弱い」という場合の両方の可能性が含まれているからです。

　さて，平均値の検定では，帰無仮説が正しいと仮定した場合に想定される値と実際の標本の値のずれの程度を標準化する際の基準として**標準誤差**を使用します。t（および z）を用いた平均値の検定では，データの性質に合わせていくつかの異なる計算方法が用いられますが，いずれの場合も基本的な考え方は同じで，それを式の形に表すと次のようになります。

$$検定統計量（t または z）= \frac{標本の値 - 想定される値}{標準誤差}$$

　このように，帰無仮説が正しい場合に想定される値と，手元にある標本から得られる値とのずれの大きさが，（帰無仮説が正しいと仮定した場合の）標準誤差の何倍の大きさであるかを**検定統計量**として算出し，この値の大きさをもとに結果の判断を行うのです。

　それではこれから平均値の差の検定の練習に入りましょう。なお，本章の問題では，計算結果は小数第2位まで（第3位四捨五入），計算途中では小数第3位までを維持し，それ以降は切り捨てるものとします。

5.1　1 標本の平均値の検定

　まずは標本が1つの場合における平均値の検定について練習をしましょう。標本が1つの場合の平均値の検定（1つの平均値の検定）では，想定される母集団の平均値（母平均）と標本データの平均値との間に有意な差があるかどうかを確かめます。

　つまり，本章の冒頭で取り上げた式にあてはめると次のようになります。

$$検定統計量（t または z）= \frac{標本平均 - 母平均}{標準誤差}$$

　この式に数値をあてはめれば検定統計量を算出でき，検定もできるのですが，それだけでは単なる計算練習になってしまいます。そこで，ここではまず，簡単なデータを用いて平均値の検定の考え方について理解することにします。最初の練習問題で平均値の検定の考え方を十分理解した後に，それ以降の練習問題に取り組むようにしてください。

■**練習 5-1**　X という性格検査は大学生を対象として作成されており，その得点の平均点は 20 点，標準偏差は 3 点で正規分布しているといわれています。しかし，さまざまな理由から，あなたは「この性格検査の平均点は本当

は 20 点ではない」という仮説を立てました。そしてこれを確かめるため，あなたが大学生 16 人を無作為抽出して検査を実施したところ，その平均点は 17 点でした。この場合について，次の各問に答えてください。

練習 5-1a　平均値 20，標準偏差 3 の母集団から標本サイズ 16 の標本を無作為抽出したとき，その標本の平均値はどのような分布になると考えられますか。その分布のおおよその形と，その分布の平均値を前章の要領で図に示してください。

練習 5-1b　この標本平均値の分布において，分布の平均値を中心とした両側 95%の範囲を図に示してください。

練習 5-1c　この分布において，17 という値がどのあたりに位置するかを図に示してください。

練習 5-1d　例題データについて z を用いた仮説検定（両側検定）を行ってください。大学生 16 人の平均値が 17 点であったという結果から，この検査の平均点と，想定される母平均（20 点）の間に有意な差があるといえるでしょうか。この場合の検定における帰無仮説と対立仮説，標本から算出された検定統計量，検定結果（有意な差がある・有意な差がない）を答えてください。

　帰無仮説：＿＿＿＿＿＿＿＿＿＿＿＿　　対立仮説：＿＿＿＿＿＿＿＿＿＿＿＿

　検定統計量（算出した値）：$z=$＿＿＿＿＿＿＿＿

　検定結果：有意な差がある・有意な差がない（いずれかに○）

■**練習 5-2**　ある作業課題の得点は，成人では平均 30 点の正規分布になると考えられています。いま，無作為に選んだ成人 9 人を対象にこの作業課題

を行わせたところ，その平均点は 35 点，標準偏差（不偏分散をもとに算出した値）は 12 点でした。この場合について，次の各問に答えてください。

練習 5-2a　平均値 30 で正規分布する母集団から標本を無作為抽出したとき，その標本平均値がとり得る値はどのような分布になりますか。その分布のおおよその形を図に示し，そこにその分布の平均値を示してください。

練習 5-2b　正規分布する母集団から抽出した標本の標準偏差（不偏分散から求めた値）が 12 のとき，もとの母集団の分散はどれくらいだと考えられますか。

練習 5-2c　この分布において，分布の平均値を中心とする両側 95% の範囲を図に示してください。

練習 5-2d　この平均値の分布において，35 という値がどこに位置するかを図に示してください。

練習 5-2e　例題データについて，t を用いた仮説検定（両側検定）を行ってください。成人 9 人の平均値が 35 点であったという結果から，この作業課題の平均点と想定される平均点（30 点）の間に有意な差があるといえるでしょうか。この場合の検定における帰無仮説と対立仮説，標本から算出された検定統計量（実現値），自由度，検定結果（有意な差がある・有意な差がない）を答えてください。

帰無仮説：＿＿＿＿＿＿＿＿＿＿＿＿　対立仮説：＿＿＿＿＿＿＿＿＿＿＿＿＿

検定統計量（実現値）：$t=$＿＿＿＿＿＿＿　自由度：＿＿＿＿＿＿

検定結果：有意な差がある・有意な差がない（いずれかに○）

■**練習 5-3**　検査得点が平均値 100, 標準偏差 15 で正規分布すると考えられる心理検査があります。この検査を無作為抽出した $N=25$ の標本に対して実施したところ, この標本における検査得点の平均値は 95.5 点でした。この結果から, この標本の母集団における平均値が 100 でない（100 との間に有意な差がある）といえるかどうかを有意水準 5% で検定してください。

■**練習 5-4**　平均値 1.2, 標準偏差が 1.5 の標本（標本サイズ $N=16$）があります。この標本の母集団が正規分布であるとき, 母平均が 0 と有意に異なるといえるかどうかを有意水準 5% で検定してください。なお, 標本の標準偏差は不偏分散に基づく値であるものとします。

■**練習 5-5**　次の標本は, 標準偏差が 9 の正規分布する母集団から無作為抽出されたものです。この標本の母平均が 30 と有意に異なるかどうか, 有意水準 5% で検定してください。

【データ】
30　24　42　29　43　31　36　48　41

■**練習 5-6**　次の標本は正規分布する母集団から無作為抽出されたものです。この標本の母平均が 32 と有意に異なるかどうかを有意水準 5% で検定してください。

【データ】
24　33　26　22　35　29　27

5.2 対応あり2標本の平均値の検定

　ここからは標本が2つある場合の平均値の検定です。まずは，2つの標本の間に対応がある場合について練習しましょう。

■**練習5-7**　人前での緊張（あがり）を緩和するための新たな方法を考案し，それを行う前と行った後で緊張感がどう変化するか測定しました。この場合について，次の各問に答えてください。

練習5-7a　無作為に選んだ9人の参加者で，新たな緊張緩和法を実施する前と後における緊張感の差（実施後−実施前）をまとめた結果は次の通りです。

【データ】

	参加者									平均
	1	2	3	4	5	6	7	8	9	
前後の差	2	−3	−2	−1	−6	−2	0	−2	−4	−2

　このデータをもとに，この標本の母集団の平均値が0と有意に異なるかどうか，有意水準5%で検定してください。

練習5-7b　先ほどの9人の参加者について，緊張緩和法を実施する前と後の緊張感の測定値は次の通りでした。

【データ】

	参加者									平均
	1	2	3	4	5	6	7	8	9	
前	19	29	24	22	10	33	18	16	9	20
後	17	32	26	23	16	35	18	18	13	22

　このデータをもとに，緊張緩和法の実施前後で緊張感の平均値に有意な差があるといえるかどうか，有意水準5%で検定してください。

■**練習 5-8**　次の表は，無作為に選ばれた 5 人がタレント A と B の好感度を 0 〜 15 点で評価した結果を示したものです。この結果から，タレント A と B の好感度に有意な差があるといえるかどうかを有意水準 5% で検定してください。

【データ】

	参加者					平均
	1	2	3	4	5	
A	5	12	8	7	10	8.4
B	0	9	8	2	3	4.4
A−B	5	3	0	5	7	4.0

■**練習 5-9**　次の表は，6 人の学生を対象に，ある性格検査を 1 カ月間隔で 2 度実施した結果を示したものです。この結果から，2 度の性格検査の測定値の間に差があるといえるかどうかを有意水準 5% で検定してください。

【データ】

	学生						平均
	1	2	3	4	5	6	
1 回目	52	26	45	35	66	49	45.5
2 回目	59	32	42	42	76	40	48.5

■**練習 5-10**　次の表は，6 組の夫婦を対象に，日常生活における不満度を測定した結果を示したものです。この結果から，夫と妻の間で日常生活における不満に差があるといえるかどうかを有意水準 5% で検定してください。

【データ】

	夫婦						
	1	2	3	4	5	6	平均
夫	23	12	16	32	3	10	16
妻	26	23	25	29	20	24	24.5

5.3 対応なし2標本の平均値の検定

対応なしの2つの平均値の検定には，ステューデントの検定とウェルチの検定の2通りがあります。この2つの検定は，主に標準誤差を算出する際の考え方が異なるだけで，基本的な部分は同じです。

ここでは，対応なしの2つの平均値の検定の考え方の基本を理解することを目的に，ステューデントの検定を主に取り扱うことにします。

■練習 5-11 『心理学統計法』のAクラスの学生とBクラスの学生をそれぞれ無作為に6人ずつ（計12人）選び，その期末試験の成績をみてみたところ次のような結果でした。

【データ】

Aクラス	33	34	53	17	63	46
Bクラス	24	35	86	61	82	48

練習 5-11a AクラスとBクラスで平均値と分散がそれぞれ同じであると仮定した場合，「2つのクラスの平均値の差」はどのような分布になると考えられますか。分布のおおよその形を図で示し，そこに平均値と標準偏差を示してください。

練習 5-11b　この分布における平均値の前後 95％の範囲を図に示してください。

練習 5-11c　A クラスと B クラスの平均値の差は，練習 5-11b の分布のどこに位置するでしょうか。練習 5-11b で作成した図に両クラスの平均値の差を示してください。

練習 5-11d　A クラスの平均値と B クラスの平均値の間に有意な差があるといえるでしょうか。この場合の検定における帰無仮説と対立仮説，標本から算出された検定統計量（実現値）と自由度，有意水準 5％における検定結果（有意・有意でない）を答えてください。

帰無仮説：＿＿＿＿＿＿＿＿＿＿　　対立仮説：＿＿＿＿＿＿＿＿＿＿

検定統計量（実現値）：$t =$＿＿＿＿＿＿　　自由度：＿＿＿＿＿

検定結果：＿＿＿＿＿

■**練習 5-12**　次のデータは，商品 A と商品 B について，それぞれ 5 人（合計 10 人）のモニターに 1 〜 5 点で評価させた結果です。このデータから，商品 A と商品 B で評価の平均値に差があるといえるかどうかを有意水準 5％で検定してください。なお，商品 A と B で評価得点の母集団の分散は等しいものとします。

【データ】

モニター	1	2	3	4	5
A の評価	5	3	5	4	3

モニター	6	7	8	9	10
B の評価	3	2	3	3	4

■**練習5-13** 次のデータは，自宅から通学している（家族と同居している）学生（「自宅学生」）と一人暮らしの学生（「地方学生」）それぞれ6人を対象にソーシャルサポートの量を調査した結果です。このデータから，自宅学生と地方学生でソーシャルサポートの量に差があるといえるかどうかを有意水準5%で検定してください。ただし，自宅学生と地方学生で分散には違いがないものとします。

【データ】

自宅学生	8	14	14	15	8	13
地方学生	10	5	9	6	11	7

■**練習5-14** 次のデータは，11人の実験参加者をAとBの異なる条件に振り分け，ある実験課題を実施した結果です。このデータから，条件AとBで課題成績に差があるといえるかどうかを有意水準5%で検定してください。ただし，条件AとBで分散は異ならないものとします。

【データ】

条件A	20	20	15	25	40	
条件B	25	47	26	34	50	40

5.4 総合練習

ここまでみてきたように，2の平均値の検定には大きく分けて対応ありの場合と対応なしの場合の2通りの方法があります。ここでは，この「対応あり」と「対応なし」の区別について練習をしておきましょう。

■**練習 5-15**　A 国と B 国の成人各 5 人を無作為に選び，1 日あたりの睡眠時間を調査したところ次の結果になりました。このデータから，A 国と B 国で平均睡眠時間に差があるといえるかどうかを有意水準 5% で検定してください。ただし，A 国と B 国で睡眠時間の分散は異ならないものとします。

【データ】

A 国	8.2	6.2	4.2	5.7	5.7
B 国	5.6	8.8	6.6	8.2	6.8

■**練習 5-16**　ある市では，中学生における不登校の数を減らすための新しいプログラムを開発しました。次の表は，市内の中学校の中から無作為に 6 校を抽出し，そのプログラム実施前 1 年間と実施後 1 年間における不登校の件数を集計したものです。この結果から，プログラムの実施前後で不登校数の平均値に差があるといえるかどうかを有意水準 5% で検定してください。

【データ】

	学校						平均
	1	2	3	4	5	6	
実施前	10	12	16	10	12	18	13
実施後	6	7	15	10	6	10	9

■**練習** 5-17　次のデータは，路上喫煙を禁止する条例ありの市と条例なし
の市で主要なバス停 5 カ所を無作為に選び，その周囲に落ちていたタバコの
吸殻を数えた結果です。この結果から，条例ありの市となしの市でバス停に
おけるタバコのポイ捨ての数に差があるといえるかどうかを有意水準 5% で
検定してください。ただし，2 つの市でポイ捨て数の分散は異ならないもの
とします。

【データ】

条例あり	8	7	9	15	16
条例なし	20	20	15	25	40

トピック　有意確率（p）

　前章のトピックでも触れたように，かつては必要な値を統計表で探して推定や検定を行うのが一般的でした。ですが，最近ではコンピューターの処理性能が上がったこともあり，専門的な統計ソフトだけでなく，表計算ソフトなどでも簡単に z や t の有意確率を詳細に求めることが可能になりました。だからというわけではないのですが，近年では検定が有意であったかどうかを示す際，$p < .05$（有意水準の5%より小）のような書き方ではなく，$p = .03$ のように有意確率（p）をそのまま記載するように求められることも増えてきています。たとえば，心理学で英語論文を書く際に参照されることの多いアメリカ心理学会（APA）の論文執筆マニュアル（第7版）では，$p = .001$ 未満になるような場合を除き，$p = .03$ や $p = .035$ のように詳細な p 値を示すことが求められています。

　では，（現在ではそうした状況も考えにくくなってきましたが）統計ソフトが使えない状況で詳細な p 値を求めるにはどうしたらよいのでしょうか。この場合，表計算ソフトの統計関数が利用できます。たとえば，1標本の平均値の検定で算出した z が 2.15 だったとしましょう。その場合，その z の両側確率（外側）は次のようにして求めることができます。

$$=(1-\text{NORM.S.DIST}(2.15,\text{TRUE}))*2$$

　また，z の値が -2.15 の場合は次のようにします。

$$=\text{NORM.S.DIST}(-2.15,\text{TRUE})*2$$

　表計算ソフトの標準正規分布関数が算出するのはつねに分布の下側（左側）の確率であるために少しややこしいのですが，z の値が 0 より大きい場合は求めた値を 1 から引き（これが上側確率です），さらに両側確率にするためにその値を 2 倍します。z の値がマイナスの場合は，NORM.S.DIST 関数の結果をそのまま 2 倍します。最後の「TRUE」はつねにこのままです。すると，いずれの場合も「0.0315552

15」という結果が表示されます。この場合，結果は「$z=2.15$, $p=.03$」のように書くわけです。

　同様にして，検定で算出したtの値が2.54で，その自由度が14のとき，その両側確率は次のようにして求めることができます。

$$=\text{T.DIST.2T}(2.54,14)$$

　tについては両側確率を求める関数が用意されていますので，zの場合よりシンプルです。カッコの中の最初の数字が算出したtの値，2つ目の数字が自由度です。この式では，結果は「0.023569931」という値になるはずです。詳細なp値を示すなら，結果は「$t(14)=2.54$, $p=.02$」となります。このようにして算出したp値をもとに検定を行う場合，p値が有意水準である5%（0.05）より小さければ「有意」，そうでなければ「有意でない」と判断します。

　さて，ここで注意してほしいのが，このp値というのは「帰無仮説が正しいと仮定した場合」の分布において，「今回の結果より極端な値が得られる確率」を示すものであって，「帰無仮説が間違っている確率」や「対立仮説が正しい確率」を示すものではないということです。ですから「p値が小さければ小さいほどよい」というようなものではありません。こうした誤解を生みやすいことなどから，近年では研究論文におけるp値の利用に批判的な考え方が強くなってきましたが，それについては入門書の範囲を越えてしまいますので，本書では省略します。

6 分 散 分 析

本章では，分散分析を用いた平均値の検定について練習しましょう。t 検定と同様に，分散分析にも対応ありの場合と対応なしの場合がありますが，対応ありデータの分散分析の方法には複数の考え方があり，また計算手順も複雑になります。そのため，分析の基本的な考え方の理解という点から，本章では対応なしの場合のみを扱うことにします。

検定の考え方は，基本的には t 検定の場合と同じで，条件間の平均値の差が誤差に比べてどれだけ大きいかを調べます。ただし，条件間の平均値の差そのものを扱うわけでなく，条件間で平均値がどの程度ばらついているか，そしてそのばらつき（分散）が誤差のばらつき（分散）に比べてどれぐらい大きいかという形で差の大きさを評価します。このとき，条件間の平均値のばらつきのことを**主効果**といいます。分散分析の基本的な考え方を式にすると次のようになります。

$$検定統計量\ (F) = \frac{主効果の分散}{誤差の分散}$$

このように，主効果による平均値のばらつきが，（帰無仮説が正しいと仮定した場合の）誤差の何倍の大きさであるかを算出し，この値の大きさをもとに結果の判断を行うのです。

ただし，分散分析の結果から示されるのは，すべての条件で平均値が同じではないということ，つまり「平均値の違う条件が混じっている」ということだけなので，具体的にどの条件とどの条件の間に有意な差があるのかを知りたい場合には，さらに多重比較を行ってどの条件間に差があるのかを確かめる必要があります。

本章では，1 要因および 2 要因の分散分析を取り上げます。なお，本章の

問題では，計算結果は小数第2位まで（第3位四捨五入），計算途中では小数第3位までを維持し，それ以降は切り捨てるものとします。

6.1 1要因分散分析

では，1要因分散分析（一元配置分散分析）について練習しましょう。分散分析が有意であった場合，多重比較が必要になりますが，ここではまず，分散分析についてのみ練習を行います。

分散分析では，測定データ全体の分散（ここでは不偏分散）を主効果による分散と誤差による分散に分解し，この2つの分散の比を求めるという形で検定を行います。より具体的には，平均値からの偏差を測定条件の違いによる部分（**主効果**）とそれ以外（**誤差**）とに分け，それぞれで偏差の2乗値の合計（**平方和**）を求めてそこから分散を算出します。

$$
\begin{aligned}
\text{全体の不偏分散} &= \frac{\text{偏差}^2 \text{の合計}}{\text{自由度}} \\
&= \underbrace{\frac{\text{主効果の偏差}^2 \text{の合計}}{\text{主効果の自由度}}}_{\text{主効果の分散}} + \underbrace{\frac{\text{誤差の偏差}^2 \text{の合計}}{\text{誤差の自由度}}}_{\text{誤差の分散}}
\end{aligned}
$$

なお，分散分析では平方和を自由度で割った値を「分散」でなく「**平均平方**」とよぶのが一般的ですが，馴染みのある用語のほうがイメージしやすいと思いますので，本書では「主効果の分散」のように「分散」というよび方を用いることにします。

■**練習 6-1**　A，B，C の 3 つの地域からそれぞれ 5 人ずつ無作為に抽出し，日常的に交流のある友人の数について調査したところ，次の表の通りになりました。この結果をもとに，以下の練習を行ってください。

【データ】

	地域 A	地域 B	地域 C	
	5	3	8	
	2	8	9	
	5	9	5	
	2	6	10	
	1	9	8	全体
平均	3	7	8	6

練習 6-1a　各地域の測定値のそれぞれを，次の要領で「その地域の平均値＋誤差」の形に書き直し，表を埋めてください。

	地域 A	地域 B	地域 C
	5=3+2	3=7+(−4)	8=8+0
	2	8	9
	5	9	5
	2	6	10
	1	9	8
平均	3	7	8

練習 6-1b　先ほどの表の「地域の平均値」の部分を，さらに「全体の平均値＋そこからの偏差」の形に書き換えてください。たとえば，地域 A の平均値は「3」で，これは全体の平均値（6）を用いて「6+(−3)」と表すことができます。

	地域 A	地域 B	地域 C
	5=6+(−3)+2	3=6+　+(−4)	8=6+　+0
	2	8	9
	5	9	5
	2	6	10
	1	9	8
平均	3=6+(−3)	7=6+	8=6+

練習 6-1c　各測定値の「全体平均値と地域平均値の差」の部分（主効果）と「地域平均値と各測定値の差」（誤差）のそれぞれについて，2乗値の合計を算出しましょう。その結果が，それぞれ**主効果の平方和**，**誤差の平方和**とよばれる値になります。

　主効果の平方和：＿＿＿＿＿＿＿＿　　誤差の平方和：＿＿＿＿＿＿＿＿

練習 6-1d　主効果および誤差の自由度を求めましょう。主効果の自由度は「比較する条件（地域）の数−1」，主効果の自由度は「全体の自由度」から「主効果の自由度」を引いた残りです。

　主効果の自由度：＿＿＿＿＿＿＿＿　　誤差の自由度：＿＿＿＿＿＿＿＿

練習 6-1e　主効果と誤差のそれぞれで分散を求めましょう。また，主効果の分散は誤差の分散の何倍の大きさでしょうか。

　主効果の分散：＿＿＿＿＿＿＿＿　　誤差の分散：＿＿＿＿＿＿＿＿
　主効果と誤差の分散の比（F）：＿＿＿＿＿＿＿＿

練習 6-1f   下の図は，帰無仮説「条件間に平均値の差はない（主効果はな
い）」が正しい場合における，自由度 2，12 の F の分布および有意水準 5%
の臨界値（3.885）です。先ほど算出した F の値がどこに位置するのかをこ
の図の中に示したうえで，3 つの地域の平均値に差があるかどうか（主効果
が有意かどうか）を有意水準 5% で検定してください。

検定結果： 主効果が有意・主効果が有意でない（いずれかに○）

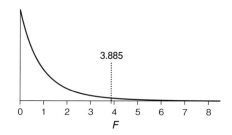

図 6.1   自由度 2，12 の F 分布と上側 5% 臨界値

■**練習 6-2**   A，B，C の 3 つのオンラインショップの利用者からそれぞれ 4
人ずつ無作為に抽出し，ショップに対する満足度を 10 点満点で評価しても
らったところ，次の表の通りになりました。

【データ】

	ショップ A	ショップ B	ショップ C	
	6	1	7	
	1	3	9	
	4	2	7	
	5	6	9	全体
平均	4	3	8	5

練習 6-2a　各測定値を「全体平均＋主効果＋誤差」の形で表してください。

ショップ A	ショップ B	ショップ C
6＝	1＝	7＝
1＝	3＝	9＝
4＝	2＝	7＝
5＝	6＝	9＝

練習 6-2b　主効果と誤差の平方和および自由度をそれぞれ算出してください。

主効果平方和：＿＿＿＿＿＿＿＿　　主効果自由度：＿＿＿＿＿＿＿＿

誤差平方和：＿＿＿＿＿＿＿＿　　　誤差自由度：＿＿＿＿＿＿＿＿

練習 6-2c　「主効果の分散」「誤差の分散」およびそれらの分散の比（F）を算出し，「3つのショップで評価の平均値に差はない（主効果はない）」とする帰無仮説を用いて有意水準5%で検定を行ってください。

主効果分散：＿＿＿＿＿＿＿＿　　誤差分散：＿＿＿＿＿＿＿＿

検定統計量：$F =$ ＿＿＿＿＿＿＿＿

検定結果：主効果が有意・主効果が有意でない　（いずれかに○）

■**練習 6-3**　無作為に抽出した 16 人の学生を A 〜 D の 4 つの実験課題に 4 人ずつ割りあて，測定を行った結果をまとめたものが次の表です。

【データ】

	課題 A	課題 B	課題 C	課題 D	
	6	3	8	9	
	7	7	11	6	
	3	6	10	10	
	4	8	7	7	全体
平均	5	6	9	8	7

　4 つの課題の平均値に差があるといえるかどうか，有意水準 5% で検定してください。

　　検定結果：$F($_____ , _____$) = $_____ , _____
　　　　　　　　　　自由度 1　　自由度 2　　検定統計量　検定結果

■**練習 6-4**　双子座・乙女座・射手座・魚座の学生それぞれ 4 人ずつを無作為に選出し，外向性検査（得点範囲：5 〜 25 点）を実施しました。その結果をまとめたものが次の表です。

【データ】

	双子座	乙女座	射手座	魚座	
	17	22	18	16	
	21	24	17	20	
	22	23	15	23	
	24	19	22	17	全体
平均	21	22	18	19	20

　星座によって外向性得点の平均値に差があるといえるかどうか，有意水準5％で検定を行ってください。

検定結果：F (＿＿＿＿＿, ＿＿＿＿＿) = ＿＿＿＿＿, ＿＿＿＿＿
　　　　　　　　自由度1　　　自由度2　　　検定統計量　検定結果

6.2　多 重 比 較

　分散分析は，測定条件の違いにより平均値にばらつきがあるかどうかを確かめるものであり，具体的にどの条件とどの条件の間に平均値の差があるかまではわかりません。そこで，分散分析で主効果（測定条件による平均値の差）が有意であった場合には，それに続いて**多重比較**とよばれる手続きをとるのが一般的です。

　有意水準が5％の検定を繰返し実施した場合，それらの検定全体では有意水準が5％を大きく超えてしまうことになります。そのため，分散分析後の多重比較では何らかの方法でこの問題に対処する必要があるのですが，その方法としては主に，検定全体の有意水準が5％を超えないように有意水準を低めに設定して検定を行う方法と，複数回の比較を行っても有意水準が5％を超えないような形で算出した検定統計量を用いる方法の2通りがあります。

　前者の方法としては，ボンフェローニ法やホルム法などがよく知られていますが，これらは有意水準1.67や0.83％など，調整後のさまざまな有意水準におけるtの臨界値が必要となるため，本書では扱いません。ここでは，後者の代表的な方法の一つである**テューキーのHSD法**とよばれる手法についての練習を行います。なお，ここで取り上げるのは，すべての条件で標本サイズ（測定値の個数）が同じ場合の計算方法です。条件間で標本サイズが異なる場合については本書では省略します。

■**練習 6-5**　ここでは練習 6-1 のデータを用いて多重比較の基本手順をみて
いきます。

【データ】

	地域 A	地域 B	地域 C	
	5	3	8	
	2	8	9	
	5	9	5	
	2	6	10	
	1	9	8	全体
平均	3	7	8	6

練習 6-5a　A，B，C の 3 つの地域から 2 つずつ取り出して比較する場合，
その組合せにはどのようなものがあるでしょうか。比較の組合せすべてをあ
げてください。ただし，たとえば「地域 A―地域 B」の組合せと「地域 B―
地域 A」の組合せのように，左右の位置が異なるだけの組合せは同じものと
して扱うこととします。

　比較の組合せ：＿＿＿＿＿＿＿＿

練習 6-5b　それぞれの組合せについて，平均値の差の絶対値を求めてくだ
さい。

　各組合せの平均値の差：＿＿＿＿＿＿＿＿

練習 6-5c HSD 法による多重比較では，各条件間の平均値の差が次の標準誤差に比べて十分に大きいといえるかどうかで差が有意かどうかを判断します。

$$標準誤差 = \sqrt{\frac{分散分析の誤差分散}{各条件の標本サイズ}} = \sqrt{\frac{4.5}{5}} = 0.948...$$

「条件間の平均値が 0 である」という帰無仮説が正しいとき，この平均値の差を標準偏差で割った値は，水準数（条件の数）「$k = 3$」，自由度（分散分析の誤差の自由度）12 の「**ステューデント化された範囲 (q)**」という分布に従うことがわかっています。

各条件間の q の値は，次式により求めます。

$$q = \frac{|条件1の平均値 - 条件2の平均値|}{標準誤差}$$

各条件間の差について q の値を求め，それぞれの値を下の図に示してください。

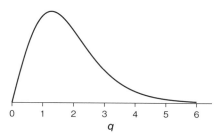

図 6.2　水準数 3，自由度 12 のステューデント化された範囲 q の分布と上側 5% の臨界値

練習 6-5d ここまでの計算結果をもとに，各条件間の平均値の差が有意かどうかを有意水準 5% で検定してください。

■**練習 6-6** 今度は練習 6-2 のデータで多重比較を行いましょう。

練習 6-6a 満足度の平均値に有意な差があるのはどのショップとどの
ショップの間でしょうか。有意水準5%で検定してください。

練習 6-6b 次のそれぞれの記述について，多重比較結果の説明として適切
な場合には「正」，そうでない場合には「誤」を選択してください。

 ア．ショップBはショップAよりも満足度が有意に高い。 （正・誤）

 イ．ショップBとCの間には満足度に有意な差はない。 （正・誤）

 ウ．ショップAはショップCよりも満足度が有意に低い。 （正・誤）

 エ．ショップAとBの満足度はショップCに比べて有意に低い。

                （正・誤）

■練習 6-7 練習6-3のデータについて，次の2つの練習を行ってください。

練習 6-7a このデータの多重比較を行ってください。

練習 6-7b 分散分析および多重比較の結果から，このデータにおける条件
間の差についての説明としてもっとも適切なものを次のうちから1つ選んで
ください。

 ア．4つの課題間で平均値に差はなく，どの条件も平均値は同じであると
  考えられる。

 イ．全体として課題間で平均値に差がみられるが，個別の条件間における
  差は明白でない。

 ウ．課題C，Dの平均値は，課題A，Bに比べて有意に高い。

 エ．4つの課題を平均値が有意に大きいほうから並べると，C，D，B，A
  の順となる。

6.3 2要因分散分析

　分散分析では，対象者の性別と年齢など，複数の**要因**による影響を同時に分析することもできます。2つの要因を用いた分散分析はとくに2要因分散分析（二元配置分散分析）とよばれます。同時に分析できる要因の数は2つに限らず，3つ，4つとさらに多くの要因を用いた分析も可能ですが，要因の数が多くなりすぎると結果の理解が困難になりますので，必要以上の要因を用いることは好ましくありません。

　2要因以上の分散分析（これを多元配置分散分析とよぶこともあります）も，分析の基本的な考え方は1要因分散分析と変わりませんが，複数の要因を用いた分析では主効果だけでなく**交互作用**の影響についても注意する必要があります。交互作用とは，複数要因の組合せによる影響のことで，複数の要因の組合せ方によって，各要因の影響を単純に合計したものとは異なる影響が表れることをいいます。

　なお，2要因の分散分析では，2つの要因ともに対応がない場合，2つのうち1つの要因で対応がある場合，2つの要因いずれにも対応がある場合の3通りのパターンが考えられ，それぞれの場合で主効果や交互作用の算出方法が異なります。対応ありの要因を含む場合にはいくつかの考え方があり，また，その計算手順も非常に複雑になりますので，本書では2つの要因ともに測定値に対応がない場合のみを扱います。

　また，2要因ともに対応がない場合でも，各測定条件の標本サイズが不揃いな場合には各要因の平方和の算出方法が複雑になりますので，分析の基本的な考え方を理解するという本書の目的から，ここでは各測定条件で標本サイズがすべて等しい場合のみを扱うことにします。

■**練習 6-8**　男女各 8 人を 2 つのグループに分け，一方のグループにはコメディ映画を，そしてもう一方のグループにはアクション映画を観てもらい，その映画についてどれくらい好きかを 20 点満点で評価してもらいました。その結果をまとめたのが次の表です。

【データ】

映画ジャンル	コメディ		アクション		
性別	男	女	男	女	
	10	15	12	3	
	7	14	11	7	
	8	16	12	6	
	11	15	9	4	全体
平均	9	15	11	5	10

練習 6-8a　映画のジャンルの主効果について，平方和，自由度，そして分散を計算しましょう。その場合，対象者の性別については考えないことにします。つまり，例題データを次のように考えて計算します。

	コメディ		アクション		
	10	15	12	3	
	7	14	11	7	
	8	16	12	6	
	11	15	9	4	全体
平均	12		8		10

平方和：＿＿＿＿＿＿＿　　自由度：＿＿＿＿＿　　分散：＿＿＿＿＿＿＿

練習 6-8b 性別の主効果について，平方和，自由度，そして分散を計算し
ましょう。今度は，映画のジャンルについては考えず，性別の違いによる影
響だけを考えることにします。性別ごとにまとまるように例題データを並び
替えると次のようになります。

	男性		女性		
	10	12	15	3	
	7	11	14	7	
	8	12	16	6	
	11	9	15	4	全体
平均	10		10	10	

平方和：＿＿＿＿＿＿＿＿ 自由度：＿＿＿＿＿ 分散：＿＿＿＿＿＿＿＿

練習 6-8c 次に，映画のジャンルと性別の組合せ効果（交互作用）につい
て考えましょう。次の表は，映画ごとの評価の平均値，男女ごとの平均値と，
それぞれの平均値の全体平均値（10）からの偏差をまとめたものです。

			男		女	
			平均値	（偏差）	平均値	（偏差）
	平均値	（偏差）	10	(0)	10	(0)
コメディ	12	(2)				
アクション	8	(−2)				

　このとき，仮に映画のジャンルと性別の交互作用がまったくなかったとし
たら，各条件の平均値はどのようになると考えられるでしょうか。たとえば，
コメディ映画に対する男性の評価（コメディ・男）の偏差は，コメディ映画
の偏差が「＋2」，男性の偏差が「0」なので，単純にこの2つの要因の影響
を合計した場合，「2＋0＝2」となり，この条件の平均値は「全体平均（10）
＋2＝12」になるはずです。

　同様にして，表の中の4つすべての条件について，交互作用がない場合に
考えられる平均値および偏差を求めてください。

練習6-8d　先ほど求めた各条件の平均値（交互作用がない場合の想定値）と実際の各条件の平均値の間に，どれだけのずれがあるかを調べてください。たとえば，交互作用がない場合に想定される「コメディ・男」の平均値は「12」ですが，「コメディ・男」の実際の平均値は「9」なので，実際の値は交互作用なしの場合に想定される値よりも「9−12＝−3」だけずれていることになります。このような考え方で，各条件における実際の平均値と交互作用なしの場合の想定値との差（偏差）を算出してください。

　　　コメディ・男：＿＿＿＿−3＿＿＿＿　　コメディ・女：＿＿＿＿＿＿＿＿＿
　　　アクション・男：＿＿＿＿＿＿＿＿　　アクション・女：＿＿＿＿＿＿＿＿

練習6-8e　先ほど求めた各条件の偏差は，交互作用がまったくない場合に想定される値とのずれであり，これが交互作用による影響です。これらの偏差の2乗の合計を求めれば，交互作用の平方和を算出することができます。このとき，各条件には測定値が4個ずつあることに注意してください。また，交互作用の自由度は，映画の種別（要因A）の自由度と性別（要因B）の自由度を掛け合わせた値です。交互作用の主効果および自由度を求め，さらに交互作用の分散を求めてください。

　　　平方和：＿＿＿＿＿＿＿＿　　自由度：＿＿＿＿＿　　分散：＿＿＿＿＿＿＿＿

練習 6-8f　誤差の平方和，自由度，分散を求めましょう。誤差は映画のジャンルや性別の違いから説明できない部分，つまり，各測定条件内の測定値のばらつきです。たとえば，「コメディ・男」という測定条件における平均値は 9 ですが，「コメディ・男」条件の実際の測定値はこの平均値から少しずつずれた値になっています。これらのばらつきは，映画のジャンルの違いや性別の違いからは説明できませんので，これは誤差とみなすことができます。このように，各測定値とそれぞれの測定条件の平均値との差が「誤差の偏差」です。

　また，誤差の自由度は，全体の自由度（全体の標本サイズ−1 = 15）から映画の自由度，性別の自由度，映画×性別の自由度をすべて引いた残りです。

平方和：＿＿＿＿＿＿＿＿　　自由度：＿＿＿＿＿　　分散：＿＿＿＿＿＿＿＿

練習 6-8g　1 要因分散分析の場合と同様に，映画の主効果，性別の主効果，映画×性別の主効果のそれぞれの分散が，誤差の分散の何倍の大きさであるかを求めた値が検定統計量 F となります。映画の主効果，性別の主効果，映画×性別の主効果のそれぞれについて検定統計量 F を算出し，それらが有意水準 5% で有意といえるかどうか検定を行ってください。

映画：$F($＿＿＿＿, ＿＿＿＿$) = $＿＿＿＿, ＿＿＿＿
　　　　　　自由度 1　　　自由度 2　　　検定統計量　検定結果
性別：$F($＿＿＿＿, ＿＿＿＿$) = $＿＿＿＿, ＿＿＿＿
映画×性別：$F($＿＿＿＿, ＿＿＿＿$) = $＿＿＿＿, ＿＿＿＿

練習 6-8h 以下のうち，分散分析結果をもっとも適切に説明しているものを1つ選択してください。

ア．一般に，男性より女性のほうが映画が好きである。

イ．男性と女性とでは，映画ジャンルの好みが異なる。

ウ．男女とも，コメディ映画よりアクション映画のほうが好きである。

エ．女性のほうが男性よりも映画に対する評価が厳しい。

■**練習 6-9** 駅前にある2つのカフェ（カフェA・B）で，利用者の滞在時間（分）を測定しました。人が多く混雑した時間帯（混雑）と，比較的人が少なくゆったりした時間帯（ゆったり）で，それぞれのカフェで各5人の利用者について測定を行った結果をまとめたものが次の表です。

【データ】

状況	混雑		ゆったり		
カフェ	A	B	A	B	
	6	4	15	25	
	5	6	12	22	
	3	7	17	28	
	4	5	15	24	
	7	13	6	16	全体
平均	5	7	13	23	12

練習 6-9a 「状況の主効果はない」という帰無仮説が正しい場合，「混雑」および「ゆったり」の平均値はどのような値になると期待されるでしょうか。また，それらの値（期待値）と実際の平均値の間の偏差（実際の平均値−期待値）はそれぞれいくつでしょうか。

混雑の期待値：＿＿＿＿＿＿＿＿＿　ゆったりの期待値：＿＿＿＿＿＿＿＿＿

混雑の偏差：＿＿＿＿＿＿＿＿＿　ゆったりの偏差：＿＿＿＿＿＿＿＿＿

練習6-9b 「カフェの主効果はない」という帰無仮説が正しい場合，「カフェA」および「カフェB」の平均値はどのような値になると期待されるでしょうか。また，それらの値（期待値）と実際の平均値の間の偏差（実際の平均値−期待される平均値）はそれぞれいくつでしょうか。

カフェ A の期待値：＿＿＿＿＿＿＿＿　カフェ B の期待値：＿＿＿＿＿＿＿＿

カフェ A の偏差：＿＿＿＿＿＿＿＿　カフェ B の偏差：＿＿＿＿＿＿＿＿

練習6-9c 「状況とカフェの交互作用はない」という帰無仮説が正しい場合，次の各測定条件における平均値はどのようになると考えられるでしょうか。この場合に期待される平均値を求めてください。また，それらの平均値（期待値）と実際の平均値の間の偏差も求めてください。

【平均値の期待値】

混雑・カフェ A：＿＿＿＿＿＿＿＿　混雑・カフェ B：＿＿＿＿＿＿＿＿

ゆったり・カフェ A：＿＿＿＿＿＿＿　ゆったり・カフェ B：＿＿＿＿＿＿＿

【偏差】

混雑・カフェ A：＿＿＿＿＿＿＿＿　混雑・カフェ B：＿＿＿＿＿＿＿＿

ゆったり・カフェ A：＿＿＿＿＿＿＿　ゆったり・カフェ B：＿＿＿＿＿＿＿

練習6-9d このデータについて，分散分析表を完成させてください。

効果	平方和	自由度	分散	F
状況				
カフェ				
状況×カフェ				
誤差				

練習 6-9e　状況の主効果，カフェの主効果，状況×カフェの交互作用について，有意水準 5%で検定してください。

練習 6-9f　以下のうち，「状況×カフェの交互作用」をもっとも適切に説明しているものを1つ選択してください。なお，結果をはっきりさせるには交互作用についての事後検定が必要ですが，ここでは事後検定は省略し，各測定条件の平均値から大まかに判断することとします。

　ア．カフェ A よりもカフェ B のほうが利用者の滞在時間が長い。

　イ．混雑しているときよりも，比較的ゆったりしているときのほうが利用者の滞在時間は長い。

　ウ．カフェ A は混雑時に，カフェ B はゆったりしているときに利用客の滞在時間が長くなる傾向がある。

　エ．全体的にカフェ A よりカフェ B のほうが利用者の滞在時間が長いが，その差はゆったりしている場合により顕著である。

■**練習 6-10**　右利き・左利きの人を12人ずつ計24人を無作為に選出し，それぞれに A・B・C 3種類の課題のうちいずれか1つを行ってもらった結果をまとめたものが次の表です。課題得点は，点数が高いほど成績が良いことを意味します。

【データ】

課題	A		B		C		
利き手	右	左	右	左	右	左	
	19	21	26	17	24	17	
	15	19	25	25	22	15	
	16	16	24	21	27	14	
	18	24	25	13	23	14	全体
平均	17	20	25	19	24	15	20

練習 6-10a このデータについて，分散分析表を完成させてください。

効果	平方和	自由度	分散	F
課題				
利き手				
課題×利き手				
誤差				

練習 6-10b 課題，利き手の主効果，課題×利き手の交互作用について，有意水準5%で検定してください。

練習 6-10c 以下のうち，「課題×利き手の交互作用」をもっとも適切に説明しているものを1つ選択してください。なお，結果をはっきりさせるには交互作用についての事後検定が必要ですが，ここでは事後検定は省略し，各測定条件の平均値から大まかに判断することとします。

ア．課題Bや課題Cは，右利きの人では課題Aより高得点であるが，左利きの人はそうでない。

イ．右利きの人では3つの課題成績の間に大きな差はみられないが，左利きの人では課題によって成績が大きく異なる。

ウ．左利きの人で成績が良い課題ほど，右利きの人では成績が悪くなるというように，右利きと左利きでは課題成績の高低が逆である。

エ．右利きの人と左利きの人との間に，課題成績の本質的な違いはない。

オ．課題Aの得点は右利きの人と左利きの人で大きく差があるが，課題Cでは両者の差は小さい。

トピック　不釣合い型データの分散分析

　本書では，分散分析のデータはすべての水準間で標本サイズが同じでした。このようなデータのことを**釣合い型**データとよびます。これに対し，標本サイズが異なる水準（測定条件）が1つ以上あるようなデータのことを**不釣合い型**データとよびます。分散分析は，もともと釣合い型データを前提とした分析手法であるため，不釣合い型データの場合にはいろいろと問題が生じます。その代表的なものが，2要因以上の分散分析における「平方和」の算出です。不釣合い型データにおける2要因以上の分散分析では，主効果や交互作用についての平方和の計算方法が複数存在し，どれを用いるかによって分析結果が変わってくるのです。

　これらの方法は，一般に「タイプⅠの平方和」や「タイプⅡの平方和」など，「タイプ○○の平方和」とよばれています。このうち，「タイプⅠ」とよばれる方法では，AとBという2つの要因を用いた分散分析を行うとき，要因AとBのいずれか一方の要因についてまず主効果の計算を行い，そしてその結果をもとにもう一方の要因の主効果を算出するという形で計算を行います。すると，要因AとBのどちらを先に計算するかで，平方和の値が異なってくるのです。

　それでは困るので，通常は別の方法で平方和の計算が行われます。SASやSPSSなど，代表的な統計解析ソフトウェアの多くは，この場合の平方和の算出に「タイプⅢ」とよばれる方法を用いています。計算方法の詳細については触れませんが，この方法では要因AとBのどちらを先に計算しても，平方和の値に違いが生じることはありません。また，「タイプⅡ」とよばれる方法も計算順序によって平方和の値に違いが生じることはないのですが，「タイプⅢ」の平方和に比べて計算が複雑になりがちなためか，「タイプⅢ」ほど一般的には用いられていないようです。不釣合い型データにおける平方和の算出方法は，これ以外にもいくつかあります。

　実際の分析場面では，分散分析は統計ソフトを用いて実施することがほとんどでしょう。その場合，そのソフトが分散分析の平方和をどのように算出しているのか，よく注意してみておく必要があります。多くの場合，「タイプⅠ」と「タイプⅢ」

の両方の結果，あるいは「タイプⅢ」の結果が表示されていることでしょう。なお，「タイプⅠの平方和」は「SS1」，「タイプⅢの平方和」は「SS3」などと表示されていることもあります。この場合，「タイプⅢ」の平方和をもとにした結果を用いましょう。また，とくにタイプについての言及がなく，値が1種類しか表示されていない場合には，分析に使用する要因の指定順序を変えたときに平方和が違う結果になることがないか確認しましょう。要因の指定順序によって結果が変わる場合，それは「タイプⅠ」の平方和ですので，結果の解釈にはかなりの注意が必要になります。各要因のすべての水準で標本サイズが同じである場合（釣合い型データの場合）には，これらタイプの異なる平方和はすべて同じ値になりますので，こうしたことを気にする必要はありません。

　なお，手計算で算出したFの値について，より詳細なp値を求めたい場合，表計算ソフトでは次の関数を使用できます。算出したFの値が5.52で，要因の自由度が2，誤差の自由度が16のとき，その有意確率は次のようにして求めることができます。

$$=\text{F.DIST.RT}\ (5.52, 2, 16)$$

　F.DIST.RT 関数の1つ目の数値は算出したFの値，2つ目は要因の自由度（自由度1），最後は誤差の自由度（自由度2）です。上記の例では，「0.015028179」という結果が得られるはずです。この値は0.05より小さいので，検定結果は有意となります。

7 度数・比率の検定

　本章では，度数・比率の検定についての練習を行いましょう。度数・比率の検定では，標本サイズが比較的小さい場合には，**直接確率法**とよばれる方法を用いて直接的にそのような結果が得られる確率を算出することもありますが，直接確率法では組合せの計算において数値の桁数が非常に大きくなる場合があり，コンピューターの助けなしにそうした計算を行うのはなかなか大変です。

　それに対し，標本サイズが比較的大きい場合には，確率分布を利用して近似的に確率を求める方法が用いられます。その際に用いられる確率分布の代表的なものが χ^2（カイ2乗）とよばれる値の分布で，この χ^2 分布を用いた検定は総称して **χ^2 検定**とよばれています。本章では，それら χ^2 を用いた検定のうち，適合度検定と独立性検定について取り上げます。

　なお，本章の問題でも，とくに指定のない限り計算結果は小数第2位まで（第3位四捨五入），計算途中では小数第3位までを維持し，それ以降は切り捨てるものとします。

7.1 適合度検定

　たとえば，ある集団における ABO 式血液型の比率がA型40％：B型20％：O型30％：AB型10％と異なるといえるかどうかなど，複数の反応カテゴリ（「A・B・O・AB」など）がある変数で，各カテゴリの出現比率が想定される比率と異なるといえるかどうかを確かめたい場合に用いられるのが**適合度検定**です。

　適合度検定では，次のようにして想定される比率（期待度数）と実際の比

率（観測度数）のずれの大きさを集約した値を検定統計量として用い，その値が十分に大きい場合に比率が有意に異なるという判断を下します。なお，このようにして求められる値は厳密には χ^2 ではなく，その近似値なのですが，ここではこれを χ^2 と示すことにします。

$$検定統計量 \; (\chi^2) = \frac{(観測度数 - 期待度数)^2}{期待度数} \; の合計$$

■練習7-1 日本人における ABO 式血液型の比率は，A 型 40％：B 型 20％：O 型 30％：AB 型 10％だといわれています。今，あるスポーツのプロ選手 100 人を対象に血液型の調査を行ったところ，次のような結果が得られました。この結果から，このスポーツのプロ選手における血液型の比率が日本人一般と異なるといえるかどうかを知りたいとします。

【データ】

血液型	A	B	O	AB
度数	35	20	33	12

練習7-1a この場合の検定の帰無仮説として適切なものを次のうち 1 つ選んでください。

ア．このスポーツのプロ選手における血液型の比率と日本人一般の血液型の比率には違いがある。

イ．日本人一般における 4 つの血液型の比率は 1/4 ずつで均等である。

ウ．このスポーツのプロ選手における 4 つの血液型の比率は 1/4 ずつで均等である。

エ．このスポーツのプロ選手における血液型の比率と日本人一般の血液型の比率は同じである。

練習 7-1b　帰無仮説が正しいと仮定した場合，100 人の測定結果における各血液型の人数はどのようになると考えられるでしょうか。次の表の空欄に適切な人数を記入してください。

血液型	A	B	O	AB
期待度数				

練習 7-1c　それぞれの血液型について，帰無仮説が正しい場合に期待される人数（期待度数）と，実際の測定結果（観測度数）の差を求めてください。

血液型	A	B	O	AB
観測度数－期待度数				

練習 7-1d　先ほど求めた期待度数と観測度数の差を 1 つにまとめましょう。ただし，差の値をそのまま合計しようとすると，合計値は 0 になってしまいます。そこで，分散を求める際に偏差を 2 乗して合計したように，ここでもこれらの差の値を 2 乗して 1 つにまとめることにしましょう。なお，期待度数 40 に対してずれの 2 乗が 1 であった場合と期待度数 10 に対してずれの 2 乗が 1 であった場合とでは，同じ「1」という値でも後者のほうがずれが大きいと考えられますので，2 乗した値をそのまま合計するのではなく，差の 2 乗値を各カテゴリの期待度数で割ったうえで合計してください。この値が検定統計量 χ^2 です。

　　検定統計量： $\chi^2 =$ ＿＿＿＿＿＿＿＿＿

練習 7-1e　自由度「カテゴリの数 -1」の χ^2 分布と，この分布における有意確率 5％の臨界値は次の図のようになります。この図の中に，計算によって得られた χ^2 の値を示してください。また，検定結果が有意（「期待度数と観測度数で比率が同じ」という帰無仮説が棄却される）かどうか判断してください。

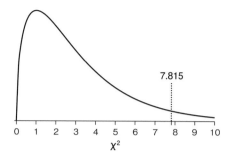

7.815

x^2

検定結果：有意・有意ではない（いずれかに○）

■**練習 7-2** 90 人を対象に，テーブルの上に紙コップを 3 つ並べ，そのうちの 1 つにコインを隠してもらうという課題を行いました。各参加者が 3 つのコップのどこにコインを隠したかを集計したものが次の表です。

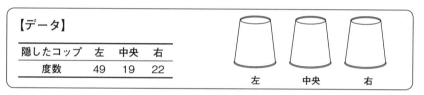

【データ】

隠したコップ	左	中央	右
度数	49	19	22

左　　　中央　　　右

練習 7-2a　この結果から，人がコップの下にコインを隠す際，その隠し場所に位置の偏りがあるといえるかどうかを確かめたいとします。このとき，検定の帰無仮説として適切なものを次のうちから 1 つ選んでください。

　　ア．コインを隠すのに使用される確率は，どのコップも 1/3 ずつで同じである。

　　イ．コインが表になる確率と裏になる確率はどちらも 1/2 ずつで同じである。

　　ウ．左のコップに隠される確率と右のコップに隠される確率はどちらも 1/2 で同じである。

　　エ．中央のコップに隠される確率と左右のコップに隠される確率は 1/2 ずつで同じである。

練習7-2b　帰無仮説が正しいと仮定した場合に期待される各コップの度数
（期待度数）を求めてください。

隠したコップ	左	中央	右
期待度数			

練習7-2c　「コインの隠し場所に位置の偏りがない」という帰無仮説につい
て，有意水準5%で検定を行ってください。

検定結果：χ^2 (＿＿＿＿＿＿＿) ＝ ＿＿＿＿＿＿＿, ＿＿＿＿＿＿＿

■**練習7-3**　ある試験における5択問題100問について，「選択肢ア～オ」
のそれぞれが正解であった問いの数を集計したものが次の表です。

【データ】

選択肢	ア	イ	ウ	エ	オ
度数	10	22	25	24	19

　このデータから，5択問題における正解の位置に偏りがあるといえるかど
うかを有意水準5%で検定してください。

検定結果：χ^2 (＿＿＿＿＿＿＿) ＝ ＿＿＿＿＿＿＿, ＿＿＿＿＿＿＿

7.2 独立性検定

　適合度検定では，得られた結果と基準となる比率が異なるかどうかを確か
めます。これに対し，複数のグループあるいは条件の間で比率に違いがある
かをみるのが**独立性検定**です。独立性検定の**独立**とは，お互いに関連（相
関）がないことをいいます。たとえば，ある食べ物が好きかどうかを大人と
子供それぞれ50人ずつを対象に調査したところ次のような結果になったと

しましょう。

	好き	嫌い
大人	35	15
子供	35	15

　このとき，表に示した結果のように，回答者が大人か子供かによって食べ物の好き嫌いに違いがない，つまりその食べ物の好き嫌いは対象者が大人かどうかとは「無関係」であるというのが「独立」です。

　この独立性の検定でも，適合度検定と同様に χ^2 を用いた検定が行われます。基本的な部分では適合の検定も独立性検定も考え方は同じですが，独立性検定では得られた結果をもとに比較対象となる期待度数を求める必要があるという点が異なっています。また，2行×2列より大きいサイズのクロス表で独立性検定の結果が有意であった場合，より詳細な結果を得るために事後検定が行われますが，その事後検定の一般的な方法も適合度検定と独立性検定では異なります。

■**練習 7-4**　関東出身の学生 60 人と，関西出身の学生 60 人を対象に，雑煮に入れるお餅は丸餅と角餅（切り餅）のどちらがいいかを聞いたところ，次のようになりました。

【データ】

	丸餅	角餅	計
関東	12	48	60
関西	52	8	60
計	64	56	120

練習 7-4a　独立性検定では，「2つの要因（出身地と餅の種類）が独立である」，つまり出身地と餅の種類には関係がないというのが帰無仮説になります。そこでまず，この帰無仮説が正しい場合にどのような結果が期待されるのかを考えてみましょう。出身地と餅の種類には関係がないということは，関東と関西で好まれる餅の種類に違いがないということです。その場合にどのような結果になると考えられるか，下の表の空欄を埋めてください。このとき，関東出身者と関西出身者の人数，丸餅派と角餅派は変わらないものとします。

	丸餅	角餅	計
関東			60
関西			60
計	64	56	120

練習 7-4b　ここから先の計算方法は，適合度検定の場合とまったく同じです。各セルの期待度数と観測度数の差を2乗して期待度数で割り，すべて合計した値が χ^2 です。このデータにおける χ^2 を求めてください。

　検定統計量： $\chi^2 = $ ＿＿＿＿＿＿＿

練習 7-4c　この場合の自由度は，「行数−1」と「列数−1」を掛け合わせた値になります。先ほど求めた χ^2 の値は，有意水準5％で有意といえるでしょうか。

　検定結果： <u>有意・有意ではない</u>（いずれかに○）

練習 7-4d 以下のうち，検定結果についての説明として誤りであるものを 1 つ選んでください。

　ア．出身地域と雑煮に入れる餅の好みには関連がある。

　イ．関東出身者は，関西出身者よりも雑煮に角餅を入れることを好む。

　ウ．雑煮に丸餅を好むのは，関東出身者より関西出身者に多い。

　エ．出身地域と雑煮に入れる餅の好みは独立である。

■**練習 7-5** ある試験の結果を男女別に集計したところ次のようになりました。

【データ】

	合格	不合格	計
男	54	36	90
女	46	14	60
計	100	50	150

練習 7-5a 試験の合格率と性別に関連があるといえるかどうか，検定を行ってください。

　検定結果： $\chi^2($ ＿＿＿＿＿＿＿ $) = $ ＿＿＿＿＿＿＿, ＿＿＿＿＿＿＿

練習 7-5b 以下のうち，検定結果についての説明として適切なものを 1 つ選んでください。

　ア．合格者の人数は女性よりも男性のほうが多い。

　イ．性別によって合格率が有意に異なる。

　ウ．合格・不合格の比率は男女で有意に異ならない。

　エ．女性では不合格者よりも合格者のほうが多い。

■**練習7-6**　成人150人を対象に，海と山のどちらが好きかを調査しました。その結果を回答者の生まれ育った環境別に集計したものが次の表です。

【データ】

	海	山	計
山沿い	18	27	45
海沿い	21	9	30
都市部	41	34	75
計	80	70	150

練習7-6a　この結果から，生まれ育った環境と海好き・山好きに関連があるといえるでしょうか。

　　検定結果： χ^2 (＿＿＿＿＿＿) ＝ ＿＿＿＿＿＿, ＿＿＿＿＿＿

練習7-6b　以下のうち，検定結果についての説明として適切なものを1つ選んでください。

　　ア．生まれ育った環境の違いにかかわらず，海が好きか山が好きかの比率に有意な差はない。

　　イ．都市部で生まれ育った人は，海や山に対する関心が低い。

　　ウ．生まれ育った環境の違いによって，海が好きか山が好きかの比率が有意に異なる。

　　エ．海が好きと答えた人は海沿いで生まれ育った人である可能性が高い。

■**練習7-7**　大学生240人を対象に，外国語クラスの成績について調査しました。その結果を，言語別に集計した結果が次の表です。

【データ】

	優	良	可	不可	計
ドイツ語	9	36	24	1	70
フランス語	8	48	32	17	105
スペイン語	7	36	16	6	65
計	24	120	72	24	240

　この結果から，外国語のクラスによって成績の分布に違いがあるといえるでしょうか。有意水準5％で検定してください。

検定結果：χ^2（＿＿＿＿＿＿＿）＝ ＿＿＿＿＿＿＿，＿＿＿＿＿＿＿＿

7.3 残差分析

　独立性の検定では，帰無仮説は「行の要因と列の要因が独立である」というものですので，検定結果が有意であることからいえるのは，「行の要因と列の要因が独立でない」，つまり，クロス表の中に2つの要因が独立な場合の期待度数から有意にずれているセルがあるということだけです。2行×2列のクロス表，つまり自由度が1の場合には，独立性検定の結果が有意な場合にはすべてのセルで観測度数が期待度数からずれているということがいえるのですが，2×2より大きなサイズのクロス表の場合には，そのままではどのセルの観測度数が期待度数から有意にずれているのかはわかりません。

　2×2を超えるサイズのクロス表において独立性検定の結果が有意であった場合，より具体的にどのセルに有意なずれがあるのかを調べるための方法に**残差分析**とよばれる分析手法があります。

■**練習7-8**　ここでは残差分析について練習しましょう。まずは，練習7-6のデータを用いて残差分析を行います。

【データ】

	海	山	計
山沿い	18	27	45
海沿い	21	9	30
都市部	41	34	75
計	80	70	150

練習7-8a　練習7-6における計算結果をもとに，各セルについて観測度数の期待度数からのずれ（残差）を求め，その値を次の表に記入してください。

	海	山
山沿い		
海沿い		
都市部		

練習7-8b　先ほど求めた各セルの残差から，山沿いや海沿いで観測度数と期待度数のずれが大きそうです。ただし，期待度数が10のセルで残差が5である場合と期待度数100のセルで残差が5である場合とでは「5」という値のもつ意味合いはまったく異なります。そこで，各セルの残差を，そのセルの期待度数を基準にして標準化しましょう。なお，なぜそうなるのかについての説明は省略しますが，各セルの残差をそのセルの期待度数の平方根で割ると残差を標準化することができます。このようにして標準化した残差を**標準化残差**とよびます。

　各セルの標準化残差を求め，次の表に記入してください。この値はこの後の計算でも使用するので，ここでは標準化残差を小数第3位まで求めることにします（それ以降は切り捨て）。

	海	山
山沿い		
海沿い		
都市部		

練習 7-8c 標準化残差は期待度数を基準として残差の大きさを標準化したものですが，もとの残差は「山沿い」の行は「海」が「−6」，「山」が「6」と対称的な値になっているのに，標準化残差はそうではありません。

標準化残差におけるこうした「歪み」は結果の解釈を困難にしますので，これを修正するために**残差分散**とよばれる値を算出します。各セルの残差分散は次の式によって求められます。

$$残差分散 = \left(1 - \frac{行合計}{総合計}\right) \times \left(1 - \frac{列合計}{総合計}\right)$$

各セルの残差分散を求め，その値を下の表に記入してください。なお，この値もこの後の計算で使用するので，小数第3位まで記入しましょう（それ以降は切り捨て）。

	海	山
山沿い		
海沿い		
都市部		

練習 7-8d　最後に，各セルの標準化残差をこの残差分散の平方根で割って
値を調整します。このようにして求めた残差の値は**調整済み標準化残差**とよ
ばれます。各セルの調整済み標準化残差を求め，その値を下の表に記入して
ください。ここでも，値は小数第3位まで記入することにしましょう（それ
以降は切り捨て）。

	海	山
山沿い		
海沿い		
都市部		

練習 7-8e　このようにして算出した調整済み標準化残差の値は，標準得点
z に近似した分布になることが知られており，各セルの観測度数が期待度数
から有意にずれているといえるかどうかは，これらの値を z の有意水準5%
の臨界値と比較することで判断できます。

　調整済み標準化残差をもとに，各セルの残差が有意かどうかを検定してく
ださい。

	海	山
山沿い		
海沿い		
都市部		

■**練習 7-9**　英語のクラスで受講者のレベル判定テストを行ったところ，次のような結果になりました。

【データ】

	上級	中級	初級	計
男	15	60	40	115
女	45	60	20	125
計	60	120	60	240

練習 7-9a　受講者の性別によってレベルの分布が異なるといえるかどうか，検定を行ってください。

検定結果：χ^2 (＿＿＿＿＿＿＿) ＝ ＿＿＿＿＿＿，＿＿＿＿＿＿

練習 7-9b　各セルの調整済み標準化残差を求め，下の表に記入してください。また，有意水準5%で有意な調整済み標準化残差には，その右肩にアスタリスク（*）をつけてください。

	上級	中級	初級
男			
女			

練習 7-9c　次のうち，残差分析結果についての説明として適切でないものを1つ選んでください。

　ア．男性では，上級と判定された人の比率が期待されるよりも有意に低い。

　イ．上級者では，女性の人数が男性の人数よりも有意に多い。

　ウ．女性では，上級と判定された人の比率が期待されるよりも有意に高い。

　エ．初級者では，男性の比率が期待される比率よりも有意に高い。

　オ．女性では，初級と判定された人の比率が期待されるよりも有意に低い。

■**練習 7-10**　性格タイプの異なる対象者計300人にあるゲームをプレーしてもらい，強い敵に遭遇したときに最初にどのような行動をとるかを観察しました。その行動の観察結果を対象者の性格タイプごとにまとめたものが次の表です。

【データ】

	攻撃	防御	逃走	計
タイプ A	52	42	26	120
タイプ B	35	35	30	100
タイプ C	33	13	34	80
計	120	90	90	300

練習 7-10a　対象者の性格タイプによってとる行動が異なるといえるかどうか，検定を行ってください。

　検定結果： χ^2 (＿＿＿＿＿＿) = ＿＿＿＿＿＿, ＿＿＿＿＿＿

練習 7-10b　各セルの調整済み標準化残差を求め，下の表に記入してください。また，有意水準5%で有意な調整済み標準化残差には，その右肩にアスタリスク（*）をつけてください。

	攻撃	防御	逃走
タイプ A			
タイプ B			
タイプ C			

練習7-10c　次のうち，残差分析結果についての説明として適切でないもの
を1つ選んでください。

　　ア．タイプAの人々における逃走反応の度数は，期待度数よりも有意に
　　　　低い。

　　イ．タイプAでは，攻撃反応や防御反応の比率は期待される値と有意に
　　　　異ならない。

　　ウ．タイプBでは，どの反応タイプの度数も期待度数と有意に異ならない。

　　エ．タイプCでは，3つの反応タイプのうち逃走反応の度数がもっとも高
　　　　い。

　　オ．タイプCでは，逃走反応が期待度数より高く，防御反応が期待度数
　　　　より低い。

トピック　χ^2 と度数・比率の検定

　適合度検定や独立性検定など，度数・比率の検定でよく用いられる χ^2（カイ 2 乗）分布は，「標準正規分布から無作為に得られた値の 2 乗の合計」に関する分布です。そして，χ^2 分布の自由度は，その際に合計される値の個数に相当します。そのため，自由度 1 の場合には，χ^2 値は標準得点 z の 2 乗の分布と同じになります。たとえば χ^2 の有意確率 5 ％の臨界値は 3.841 で，この値の平方根は 1.9598... となって，丸め誤差のために完全には一致しませんが，z の両側確率 5 ％の臨界値である 1.960 とほぼ同じ値になります。

　このように，χ^2 の分布は本来は正規分布する**連続量**に関する分布なのですが，それが度数・比率の検定において期待度数からのずれの大きさを評価するために用いられているのです。実際，χ^2 検定で算出される χ^2 の値はあくまでも近似値であって，χ^2 そのものではありません。そのため，χ^2 を用いた度数・比率の検定では，いくつか注意しておくべき点があります。

　まず，このように何らかの値に対する近似値を利用する場合，一般には十分な大きさの標本サイズが必要で，標本サイズが小さすぎるとうまく近似できません。χ^2 検定においてもそれは同様で，χ^2 検定では，期待度数が 5 未満になるセルが全体の 20 ％以上ある場合，χ^2 へのあてはまりが悪くなるといわれています。2×2 のクロス表では，表のセルは 2×2 の 4 つしかありませんから，期待度数が 5 未満のセルが 1 つでもあれば，それだけで全体の 20 ％を超えてしまいます。

　また，2×2 のクロス表の場合には，χ^2 分布へのあてはまりの度合いを高めるために，**イェーツの連続修正**とよばれる調整が行われることもあります。これは，次のようにして期待度数と観測度数の差を 2 乗する際に，その差の絶対値から 0.5 を減じたうえで 2 乗して χ^2 を算出する方法です。

$$\chi^2 = \frac{(|観測度数 - 期待度数| - 0.5)^2}{期待度数} \text{ の合計}$$

統計ソフトによっては 2×2 のクロス表の場合に自動的にこの修正を行うものも

あるようですが，この修正では算出される χ^2 の値が小さくなりすぎる傾向にあり，このような修正を行うべきかどうかについては専門家の間でも意見が分かれています。もちろん，各セルの度数が大きくなれば，0.5 の違いというのは無視できるほど小さなものになりますので，標本サイズの大きなデータではこれらはとくに問題になりませんが，標本サイズが小さいデータの場合には，修正を行うべきかどうかも含め，結果の判断を慎重に行う必要があります。2×2 のクロス表で標本サイズが小さい場合には，**フィッシャーの直接確率検定**とよばれる方法を用いたほうがよいかもしれません。

　さて，この χ^2 についても，表計算ソフトで有意確率（p）を求めることができます。算出した χ^2 の値が 8.25 で自由度が 2 のとき，その有意確率を求める式は次のようになります。

$$=\text{CHISQ.DIST.RT (8.25,2)}$$

　カッコの中の最初の数値が算出した χ^2 値，2 つ目が自由度です。この式の計算結果は「0.016163495」で，これは有意水準の 5%（0.05）を下回りますから，この場合の結果は「有意」となります。

解答・解説

第1章　データの種類

1.1　尺度水準

練習 1-1a　4. 名義尺度

解説　性別は名義尺度の典型的な例です。「男性」と「女性」の間で足し算や引き算はできませんし、「男性」と「女性」の間に決まった順序というものもありません。

練習 1-1b　3. 順序尺度

解説　記録されているのは成績順位ですから、これは順序尺度です。

練習 1-1c　2. 間隔尺度

解説　生まれ年の場合、1999年生まれは2000年生まれより1年早く生まれ（1999－2000＝－1）、1989年生まれより10年後に生まれた（1999－1989＝10）というように、足し算や引き算の答えが意味をなす値になります。しかし、「2000年生まれは1000年生まれの2倍の生まれ年である（2000÷1000＝2）というような比率の計算には意味がありません。

このような比率に意味がないことは、同じ生まれ年でも西暦と和暦で比率が変わってしまうことからもわかります。たとえば、平成30年（西暦2018年）と平成15年（西暦2003年）は、和暦でみれば値は2倍ですが、西暦ではそうではありません。

なお、各測定値の間の差は基準となる単位が変わっても変化しません。平成30年と平成15年の間には15年の差がありますが、差の大きさは西暦年（2018年と2003年）の場合も同じです。

練習 1-1d　1. 比率尺度

解説　生まれ年でなく年齢をデータとした場合は比率尺度データといえます。50歳の人と100歳の人とでは、「100歳の人のほうが2倍長く生きている」ということができます。

練習 1-1e　3. 順序尺度

解説　秀・優・良・可・不可といった5段階の成績評価には、秀は優よりも、優は良よりも良い成績であるというように、決まった順位があります。

しかし，秀と優，優と良の差が同じといえるのかどうかについてはわかりません。そのため，このデータは順序尺度による測定値ということになります。

練習 1-1f　4．名義尺度

解説　「東京」や「神奈川」などの測定値は足したり引いたりできるものではありませんし，測定値のに決まった順序というものもありません。測定値はそれぞれの出身地を示す**ラベル**（名札）でしかなく，これらの値は名義尺度で測定されたものということになります。

練習 1-1g　1．比率尺度

解説　カゴに入っていた玉の数は，その値が「0」であった場合に「1 個もなかった（量が 0 である）」ということを意味します。また，玉の数が 20 個のチームは 10 個のチームの 2 倍多く玉を入れたということができるように，個数同士の比率が意味をなします。

練習 1-1h　2．間隔尺度

解説　摂氏温度は間隔尺度の代表的な例といえるものです。38℃と 37℃，37℃と 36℃の間にはそれぞれ 1℃の差がありますが，この「1℃」の大きさはどちらの場合も同じ（間隔が一定）です。ただし，摂氏 0℃は「0℃（水が凍る温度）と同じ温度」であるということを示すものであって「温度がない」という意味ではありません。

練習 1-2a　3．順序尺度

解説　「多い」「中程度」「少ない」には，「多い＞中程度＞少ない」という一定の順序性がありますが，「多い」と「中程度」の差と，「中程度」と「少ない」の差が同じであるという保証がありません。

練習 1-2b　1．比率尺度

解説　測定内容は先ほどの問題とよく似ているのですが，このように「助けてくれる人の数」を直接答えてもらった場合には，その測定値は比率尺度になります。この場合，「4 人」という値は「2 人」の 2 倍であるというように，測定値間の比率が意味をもつようになるからです。

練習 1-2c　1．比率尺度

解説　このデータは 2 人の間の距離の大きさを測定したものなので比率尺度です。測定値が 100cm の場合は 50cm の場合の 2 倍の距離であるということができます。また，仮にこの距離をセンチメートル（cm）ではなくメートル（m）やフィート（ft）で測定したとしても，1m（100cm）は 0.5m（50cm）の 2 倍であり，6ft（約 182cm）は 3ft（約 91cm）の 2 倍であるというように，比率の関係は変わりません。これは，「会話相手との距離」が絶対的な原点（0 ＝無）を基準として数値化されているからです。

練習 1-2d　4. 名義尺度

解説　郵便番号は地域の区別を容易にするために地域ごとに異なる数字を割りあてたものであって，その数字の間に特別な順序関係（大小関係）は存在しません。つまり，これは「数値」ではなく単なる「数字の組合せ」であって，「JPN」や「USA」のようにアルファベットの組合せで国や地域を区別するのと同じものです。

練習 1-2e　1. 比率尺度

解説　「反応時間」や「所要時間」は心理学で使用される代表的な比率尺度のデータです。この場合，「0」という測定値は（それが実際にあったとするならば）「時間が 0 である（かかっていない）」ということであり，絶対的な 0（原点）を意味します。

練習 1-2f　2. 間隔尺度

解説　「反応時間」は比率尺度の例としてよくあげられるものですが，このデータの場合には反応時間そのものではなく，10 秒からの「ずれの程度」を測定値としています。この場合，「－0.5（0.5 秒短い）」という測定値が「＋0.5（0.5 秒長い）」という測定値の何倍であるかというような比率を求めることはできません。このように，測定値間の比率が意味をなさず，比率尺度の要件を満たさないため，このデータは間隔尺度によるものということになります。

練習 1-2g　1. 比率尺度

解説　通学時間が 60 分の人は 30 分の人に比べて通学にかかる時間が 2 倍

であるという計算が成り立つため，これは比率尺度による測定値です。

練習 1-2h　3.　順序尺度

解説　先ほどの問題と同じ通学時間のデータですが，この例では，通学時間を短いほうから順に 6 段階に区切って数値化しています。このデータでは，「4 は 2 の 2 倍である」というような測定値間の比率の計算が意味をなしませんので，このデータは比率尺度とはいえません。

　また，「1：0 〜 15 分未満」と「2：15 分〜 30 分未満」では 15 分の幅なのに対し，「3：30 分〜 60 分未満」や「4：60 分〜 90 分未満」では 30 分の幅であり，測定値の目盛りが等間隔になっていません。そのため，「3 と 1 の差」と「4 と 2 の差」が同じにはならず，間隔尺度ともいえません。

　ただし，測定値が「3」の場合は「1」や「2」の場合よりも通学時間が長い，測定値が「5」の場合は「3」や「4」よりも通学時間が長いというように，測定値の間に明確な順序関係があるので順序尺度ということになります。

　このように，同じ対象の測定データあっても，それがどのように数値化されているかによって尺度水準は異なってきます。

第 2 章　データを要約する指標

2.1　データを代表する値

練習 2-1a　女性（または 2）

解説　最頻値はもっとも度数の大きい測定値ですから，それを求めるためにはまず度数分布表を作成します。

測定値	男性	女性	無回答
度　数	4	6	2

　この中でもっとも大きい度数（6）をもつ測定値は「女性」ですから，最頻値は「女性（または入力コードの 2）」となります。なお，最頻値は「度数が最大の測定値」であり，「最大の度数（6）」ではありませんので注意してください。

練習 2-1b　東京と神奈川（または 1 と 2）

解説　最頻値はもっとも度数の大きい測定値ですから，それを求めるためにはまず度数分布表を作成します。

測定値	東京	神奈川	埼玉	静岡	山梨
度　数	7	7	2	1	1

　この中でもっとも大きい度数（7）をもつ測定値は「東京」と「神奈川」の2つあり，値が1つに定まりません。このような場合，最頻値は「東京，神奈川（または入力コードの1，2）」の2つとするのが一般的です。

練習 2-1c　153

解説　中央値は測定値を大きさの順に並べたときに中央に位置する値ですので，まずは測定値を大きさの順に並べる必要があります。

　測定値を大きさの順に並べると次の通りとなり，小さいほうからも大きいほうからも同じ順位（5番目）である 153 が中央値です。

測定値	25	85	97	103	153	198	206	302	321
昇順	1	2	3	4	5	6	7	8	9
降順	9	8	7	6	5	4	3	2	1

練習 2-1d　580

解説　測定値を大きさの順に並べると次の通りとなり，小さいほうからも大きいほうからも同じ順位は4.5番目なので，その位置には測定値がありません。そこで，4番目と5番目の測定値の中点である 580 が中央値となります。

測定値	250	320	400	560	600	750	800	1200
昇順	1	2	3	4	5	6	7	8
降順	8	7	6	5	4	3	2	1

$$中央値 = (560 + 600) \div 2 = 580$$

練習 2-1e　5位

解説　測定値を大きさの順に並べると次の通りとなり，小さいほうからも大きいほうからも同じ順位は5.5番目なので，その位置には測定値がありません。ただし，5番目と6番目の測定値は5で同じ値なので，5が中央値と

なります。

測定値	3	3	4	5	5	5	6	6	6	6
昇順	1	2	3	4	5	6	7	8	9	10
降順	10	9	8	7	6	5	4	3	2	1

　なお，このように中央の位置を挟んで同順位の値（これを「結び（tie）」といいます）が並ぶとき，より厳密に測定値の中央を求めようとする方法もあります。その場合，ここで求めた値とはやや異なる数値になることがあります。

練習 2-1f　7

解説　すべての測定値を合計して測定値の個数で割ったものが平均値です。

$$平均値 = \frac{6+5+4+10+6+5+5+8+6+15}{10} = \frac{70}{10} = 7$$

練習 2-1g　－0.2

解説　すべての測定値を合計して測定値の個数で割ったものが平均値です。

$$平均値 = \frac{2.0+(-1.1)+0.0+(-2.5)+(-1.5)+0.5+1.5+(-0.5)}{8}$$

$$= \frac{-1.6}{8} = -0.2$$

練習 2-1h　最頻値：「1. 毎日」，中央値：「2. 週4～6日」

解説　各代表値の求め方は次の通りです。

　【最頻値】度数分布表でもっとも度数が大きい測定値「1」が最頻値です。

測定値	1	2	3	4	5	6
度数	5	4	2	1	1	2

　【中央値】測定値を大きさの順に並べたとき，8番目の値が中央値です。

測定値	1	1	1	1	1	2	2	2	2	3	3	4	5	6	6
昇順	1	2	3	4	5	6	7	8	9	10	11	12	13	14	15
降順	15	14	13	12	11	10	9	8	7	6	5	4	3	2	1

※このデータは測定値が順序尺度で得られていますので，平均値は意味の

ある値になりません。

練習 2-1i　最頻値：4，中央値：4，平均値：4

解説　各代表値の求め方は次の通りです。

【最頻値】度数分布表でもっとも度数が大きい測定値「4」が最頻値です。

測定値	1	3	4	5	6
度　数	2	1	4	3	2

【中央値】測定値を大きさの順に並べたとき，6番目と7番目の間が中央値です。

測定値	1	1	3	4	4	4	4	5	5	5	6	6
昇順	1	2	3	4	5	6	7	8	9	10	11	12
降順	12	11	10	9	8	7	6	5	4	3	2	1

$$中央値 = \frac{4+4}{2} = 4$$

【平均値】すべての測定値を合計して測定値の個数で割ったものが平均値です。

$$平均値 = \frac{5+4+5+4+1+1+5+4+6+4+6+3}{12} = \frac{48}{12} = 4$$

練習 2-1j　最頻値：6，中央値：5，平均値：4.85

解説　各代表値の求め方は次の通りです。

【最頻値】度数分布表でもっとも度数が大きい測定値「6」が最頻値です。

測定値	1	2	3	4	5	6	7
度　数	1	1	2	4	3	6	3

【中央値】測定値を大きさの順に並べたとき，10番目と11番目の間が中央値です。

測定値	1	2	3	3	4	4	4	4	5	5	5	6	6	6	6	6	6	7	7	7
昇順	1	2	3	4	5	6	7	8	9	10	11	12	13	14	15	16	17	18	19	20
降順	20	19	18	17	16	15	14	13	12	11	10	9	8	7	6	5	4	3	2	1

$$中央値 = \frac{5+5}{2} = 5$$

【平均値】すべての測定値を合計して測定値の個数で割ったものが平均値です。

$$平均値 = \frac{6+1+6+2+3+4+3+4+5+4+6+5+5+4+7+7+6+6+7+6}{20}$$

$$= \frac{97}{20} = 4.85$$

練習 2-1k　最頻値：70 〜 80 未満，中央値：74.5，平均値：77.4

解説　各代表値の求め方は次の通りです。

【最頻値】度数分布表でもっとも度数が大きい階級「70 〜 80 未満」が最頻値です。

階級	度数
50 〜　60 未満	2
60 〜　70 未満	1
70 〜　80 未満	3
80 〜　90 未満	1
90 〜 100 未満	1
100 〜 110 未満	2

【中央値】測定値を大きさの順に並べたとき，5 番目と 6 番目の間が中央値です。

測定値	53	57	62	70	73	76	82	91	102	108
昇順	1	2	3	4	5	6	7	8	9	10
降順	10	9	8	7	6	5	4	3	2	1

$$中央値 = \frac{73+76}{2} = 74.5$$

【平均値】すべての測定値を合計して測定値の個数で割ったものが平均値です。

$$平均値 = \frac{102+73+53+76+108+82+91+62+57+70}{10} = \frac{774}{10} = 77.4$$

練習 2-2a　ウ

解説　この回答選択肢は，「1年未満」「3年未満」「5年未満」の後に「10年未満」「10年以上」と続いており，間隔が均等になっていません。そのため，この測定値は比率尺度や間隔尺度としては扱えず，順序尺度として扱うのが適当ということになります。その場合，代表値として意味をなすのは最頻値と中央値だけで，平均値は意味をなしません。

練習 2-2b　イとウ

解説　この測定値は名義尺度によるものですので，中央値や平均値は意味をなしません。

練習 2-2c　イ

解説　貯蓄額や収入額などのデータは，その数値が実際の量を表している（「0＝無」である）ために比率尺度といえ，3つのいずれの代表値も使用可能です。ただし，選択肢2の値（5）は最大値（10）と最小値（0）の中点であって，順位の中央ではありません。正しい中央値は，測定値を大きさの順に並べたときに8番目になる値（2）です。

練習 2-2d　ア

解説　個数を数えたデータはその数値が実際の量を表している（「0＝無」である）ために比率尺度といえ，3つのいずれの代表値も使用可能です。ただし，選択肢1の値（6）は最大の度数であって最頻値ではありません。最頻値は最大の度数をもつ「測定値」なので，「5」が正解です。

練習 2-2e　ア

解説　反応時間の測定値は，実際の量（時間の長さ）を数値化したものであり，比率尺度です。比率尺度では3つのすべての代表値を使用できます。ただし，反応時間のように値が少しずつ異なる測定値では，最頻値の算出の際には注意が必要になります。たとえば，このデータでは確かに2.6の度数（2）が最大なのですが，他はすべて度数が1ですし，この値が「最頻値」として適切かというとそうとはいえないでしょう。

　このような測定値の場合，測定値そのものの度数を数える代わりに「階

級」の度数を数えて最頻値を求めます。たとえば 0.5 秒から 0.5 秒間隔の階
級で度数分布表を作成した結果が次の表です。

0.5～1未満	1～1.5未満	1.5～2未満	2～2.5未満	2.5～3未満
1	5	3	4	2

　ここから，「1 ～ 1.5 未満」を最頻値としたほうが代表値として適切です。
なお，階級の幅をどの程度にすればよいかということについては，目安とな
る数値を計算する方法はあるものの，絶対的な正解というものはありません。
最終的には，測定値全体の分布をみながら分析者自身が適切に判断する必要
があります。

2.2 散らばりの指標

練習 2-3a　第 1 四分位数：16，第 2 四分位数：20，第 3 四分位数：22

解説　四分位数の求め方には複数の方法がありますが，単純なのは，まず
中央値（第 2 四分位数）で測定値を前半と後半に 2 分し，さらに前半と後半
の測定値のそれぞれで中央値を求めるという方法です。中央値（第 2 四分位
数）を求めるには測定値を大きさの順に並べる必要があります。

測定値	10	12	16	18	20	20	20	22	22	24
順　位	1	2	3	4	5	6	7	8	9	10

　測定値の個数は 10 ですので，中央値（第 2 四分位数）は 5 番目（20）と
6 番目（20）の間で 20 です。ここでデータを 2 分すると，前半と後半はそ
れぞれ次のようになります。

	前半					後半				
測定値	10	12	16	18	20	20	20	22	22	24
順　位	1	2	3	4	5	1	2	3	4	5

　そして，前半と後半それぞれにおける 3 番目の値が第 1 四分位数（16）と
第 3 四分位数（22）になります。

練習 2-3b　第 1 四分位数：14.5，第 2 四分位数：16，第 3 四分位数：18.5

解説　先ほどの問題と同様に，まずは中央値を求めて測定値を前半と後半

に2分し，さらに前半と後半の測定値のそれぞれで中央値を求めて四分位数
とします。測定値を大きさの順に並べると次のようになります。

測定値	11	14	15	16	16	17	18	19	21
順位	1	2	3	4	5	6	7	8	9

　測定値の個数は9ですので，中央値（第2四分位数）は5番目の値（16）
です。ここでデータを2分すると，前半と後半はそれぞれ次のようになりま
す。このとき，中間に位置する値はどちらにも含めないで，残りの測定値を
2つに分割します。

	前半					後半			
測定値	11	14	15	16	16	17	18	19	21
順位	1	2	3	4		1	2	3	4

　そして，前半と後半それぞれにおける2番目と3番目の間の値が第1四分
位数（14.5）と第3四分位数（18.5）になります。

練習 2-4a　各集団の四分位数は次の通り

　（集団1）第1四分位数：6.5，第2四分位数：10.5，第3四分位数：13.5

　（集団2）第1四分位数：9，第2四分位数：10.5，第3四分位数：11

解説　まずは集団1の四分位数を求めましょう。四分位数を求めるには測
定値を大きさの順に並べる必要があります。

測定値	5	6	6	7	9	10	11	12	13	14	16	18
順位	1	2	3	4	5	6	7	8	9	10	11	12

　まず，測定値の個数は12ですので，中央値（第2四分位数）は6番目
（10）と7番目（11）の間で10.5です。ここでデータを2分すると，前半と
後半はそれぞれ次のようになります。

	前半						後半					
測定値	5	6	6	7	9	10	11	12	13	14	16	18
順位	1	2	3	4	5	6	1	2	3	4	5	6

　そして，前半と後半それぞれにおける3番目と4番目の間の値が第1四分
位数（6.5）と第3四分位数（13.5）になります。

同様の手順で集団 2 について四分位数を求めると，第 2 四分位数（中央値）は 10.5，第 1 四分位数と第 3 四分位数はそれぞれ 9 と 11 になります。

練習 2-4b ウ

解説 他の 3 つの選択肢は次の理由から誤りです。

ア．第 2 四分位数が中央値であるというのはその通りですが，四分位数は測定値を 4 分割する位置にある値のことで，最頻値や平均値ではありません。

イ．第 1 四分位数は値の小さいほうから 1/4（25％）の位置にあたる点，第 3 四分位数は 3/4（75％）の位置にあたる点であって，最小値や最大値ではありません。

エ．第 2 四分位数（中央値）は測定値の小さいほう，大きいほうからちょうど 1/2（50％）に相当する点で，第 1 四分位数と第 3 四分位数の中点ではありません。

練習 2-4c エ（集団 1 は 6.5 ～ 13.5，集団 2 は 9 ～ 11 の範囲に測定値の半数が散らばっており，散らばりの範囲は集団 1 のほうが広い）

解説 他の 3 つの選択肢は次の理由から誤りです。

ア．四分位数は測定値全体の半分（50％）が収まる範囲を示すものなので，最大値についてはわかりません。

イ．この 2 集団のデータでは，中央値（第 2 四分位数）はどちらも 10.5 で同じです。

ウ．第 1 四分位数と第 3 四分位数からわかるのは集団 1 のほうが広い範囲に散らばっているということだけであり，得点が全体的に高いかどうかはわかりません。

練習 2-5a 平均値：5，分散：2，標準偏差：1.41

解説 まず平均値を求めます。

$$平均値 = \frac{7+5+4+6+3}{5} = \frac{25}{5} = 5$$

ここから，各測定値について平均値からの偏差を求めます。

測定値	7	5	4	6	3
偏　差	2	0	−1	1	−2

偏差を 2 乗して平均し，分散を求めます。

$$分散 = \frac{2^2 + 0^2 + (-1)^2 + 1^2 + (-2)^2}{5} = \frac{10}{5} = 2$$

標準偏差は分散の正の平方根です。

$$標準偏差 = \sqrt{分散} = \sqrt{2} = 1.414\ldots$$

練習 2-5b　平均値：3.8，分散：2.76，標準偏差：1.66

解説　まず平均値を求めます。

$$平均値 = \frac{5+3+5+5+4+1+2+3+3+7}{10} = \frac{38}{10} = 3.8$$

ここから，各測定値について平均値からの偏差を求めます。

測定値	5	3	5	5	4	1	2	3	3	7
偏　差	1.2	−0.8	1.2	1.2	0.2	−2.8	−1.8	−0.8	−0.8	3.2

偏差を 2 乗して平均し，分散を求めます。

$$分散 = \frac{1.2^2 + (-0.8)^2 + 1.2^2 + 1.2^2 + 0.2^2 + (-2.8)^2 + (-1.8)^2 + (-0.8)^2 + (-0.8)^2 + 3.2^2}{10}$$
$$= \frac{27.6}{10} = 2.76$$

標準偏差は分散の正の平方根です。

$$標準偏差 = \sqrt{分散} = \sqrt{2.76} = 1.661\ldots$$

練習 2-5c　イ（分散は計算途中で 2 乗されているため，測定値とは単位が異なってしまいます。そこで分散の値の平方根をとり，単位をもとの測定値に揃えたものが標準偏差です。）

解説　他の 3 つの選択肢は次の理由から誤りです。

ア．分散は偏差の 2 乗を平均したものであり，合計ではありません。また，標準偏差は分散の正の平方根であって，偏差の平均値ではありません。

　ウ．分散と標準偏差はどちらも測定値の散らばりの幅を示す指標です。

　エ．分散は偏差の 2 乗を平均したものなので，これがマイナスの値になる
　　　ことはありません。

練習 2-5d　エ

解説　標準偏差は，平均値の前後方向「それぞれの」幅の大きさを示して
います。平均値が 50 で標準偏差が 10 の場合，測定値の多くは $50-10=40$
から $50+10=60$ の範囲に散らばっていることになります。

練習 2-6a　四分位数（第 1，第 2，第 3）：100，106.5，124
平均値：110，標準偏差：17.11

解説　まずは四分位数を求めます。四分位数を求めるために，測定値を大
きさの順に並べ替えます。

測定値	82	91	100	101	103	110	123	124	125	141
順　位	1	2	3	4	5	6	7	8	9	10

　測定値の個数は 10 ですので，中央値（第 2 四分位数）は 5 番目と 6 番目
の間（$(103+110)\div 2=106.5$）です。ここでデータを 2 分すると，前半と後
半はそれぞれ測定値が 5 個ずつになり，それぞれの中間点である 3 番目の値
（100）および 8 番目の値（124）が第 1，第 3 四分位数として求まります。

　次に平均値を求めます。

$$平均値 = \frac{124+100+125+123+110+82+91+101+103+141}{10} = \frac{1100}{10} = 110$$

　標準偏差を求めるには，まず分散を求める必要があります。そのために，
各測定値について平均値からの偏差を求めます。

測定値	124	100	125	123	110	82	91	101	103	141
偏　差	14	−10	15	13	0	−28	−19	−9	−7	31

偏差を 2 乗して平均し，分散を求めます。

$$分散 = \frac{14^2+(-10)^2+15^2+13^2+0^2+(-28)^2+(-19)^2+(-9)^2+(-7)^2+31^2}{10}$$

$$= \frac{2926}{10} = 292.6$$

分散の正の平方根が標準偏差です。

$$標準偏差 = \sqrt{分散} = \sqrt{292.6} = 17.106\ldots$$

練習 2-6b 四分位数（第1，第2，第3）：10, 16.5, 35
平均値：102, 標準偏差：249.69

解説 まずは四分位数を求めます。四分位数を求めるために，測定値を大きさの順に並べ替えます。

測定値	3	6	10	12	15	18	21	35	50	850
順位	1	2	3	4	5	6	7	8	9	10

　測定値の個数は10ですので，中央値（第2四分位数）は5番目と6番目の間（$(15+18) \div 2 = 16.5$）です。ここでデータを2分すると，前半と後半はそれぞれ測定値が5個ずつになり，それぞれの中間点である3番目の値（10）および8番目の値（35）が第1，第3四分位数として求まります。
　次に平均値を求めます。

$$平均値 = \frac{10+21+15+6+12+50+850+18+3+35}{10} = \frac{1020}{10} = 102$$

　標準偏差を求めるには，まず分散を求める必要があります。そのために，各測定値について平均値からの偏差を求めます。

測定値	10	21	15	6	12	50	850	18	3	35
偏差	−92	−81	−87	−96	−90	−52	748	−84	−99	−67

　偏差を2乗して平均し，分散を求めます。

$$分散 = \frac{(-92)^2 + (-81)^2 + (-87)^2 + (-96)^2 + (-90)^2 + (-52)^2 + 748^2 + (-84)^2 + (-99)^2 + (-67)^2}{10}$$

$$= \frac{623464}{10} = 62346.4$$

分散の正の平方根が標準偏差です。

$$標準偏差 = \sqrt{分散} = \sqrt{62346.4} = 249.693\ldots$$

練習 2-6c ア：誤，イ：正，ウ：正，エ：誤，オ：正

解説　各説明文についての解説は次の通りです。

ア．標準偏差は測定値全体を使用して算出された値であり，四分位数は測定値のうち上位25％と下位25％を除いて算出される値です。この2つは考え方の異なる散らばり指標ですので，値が同じになるという保証はありません。このことは，練習2-6aと2-6bからもわかります。

イ．第1四分位数より小さい測定値は全体の25％，第3四分位数より大きな測定値も全体の25％なので，第1四分位数と第3四分位数の間には原則的に測定値全体の50％が収まることになります。ただし，四分位数の算出方法などによってはちょうど50％にならないこともあり得ます。また，標準偏差で示される幅には，測定値の分布が極端に歪んでいない場合には確率的に68％前後の測定値が収まります。

ウ．第2四分位数は中央値と同じものであることから，中央値と四分位数は組み合わせて用いられることがよくあります。また，標準偏差は分散の正の平方根であり，分散は平均値からの偏差に基づいて求められる値なので，平均値を代表値とする場合の散布度には標準偏差が用いられるのが一般的です。

エ．四分位数は上位・下位25％の測定値を除いて求められるので，極端な値の影響をほとんど受けません。これに対し，標準偏差はすべての測定値を利用するため，極端な値による影響を受けやすくなります。このことは，練習2-6bで顕著に表れています。

オ．四分位数は測定値の値の大きさではなく順位に基づいて算出されるため，第1四分位数と第2四分位数の値の幅と，第2四分位数と第3四分位数の値の幅が異なるということは十分にあり得ます。これに対し，標準偏差は「平均値±標準偏差」という形で散らばりの幅を示しますので，平均値を挟んで必ず前後対称になります。

2.3　標準化

練習2-7a　平均値：110, 標準偏差：40.50

解説 まず，平均値を求めます。

$$平均値 = \frac{70 + 130 + 180 + 90 + 80}{5} = \frac{550}{5} = 110$$

次に各測定値の平均からの偏差を2乗して平均し，分散を求めます。

生徒	A	B	C	D	E
点数	70	130	180	90	80
偏差	−40	20	70	−20	−30

$$分散 = \frac{(-40)^2 + 20^2 + 70^2 + (-20)^2 + (-30)^2}{5} = \frac{8200}{5} = 1640$$

分散にルートを掛けて標準偏差を求めます。

$$標準偏差 = \sqrt{分散} = \sqrt{1640} = 40.496\ldots$$

練習 2-7b 生徒A：−0.99 生徒B：0.49 生徒C：1.73 生徒D：−0.49 生徒E：−0.74

解説 標準得点は，各測定値の平均からの偏差を標準偏差で割ったものです。練習 2-7a で求めた偏差の各値を標準偏差で割ると次のようになります（数値はいずれも小数点以下2桁目までで四捨五入して示しています）。

生徒A：−40÷40.5＝−0.99 生徒B：20÷40.5＝0.49 生徒C：70÷40.5＝1.73 生徒D：−20÷40.5＝−0.49 生徒E：−30÷40.5＝−0.74

練習 2-7c 生徒A：40.1 生徒B：54.9 生徒C：67.3 生徒D：45.1 生徒E：42.6

解説 学力偏差値は次の式により求められます。

$$学力偏差値 = 標準得点 \times 10 + 50$$

したがって，各生徒の偏差値は次のように求まります。

生徒A：−0.99×10＋50＝40.1 生徒B：0.49×10＋50＝54.9

生徒C：1.73×10＋50＝67.3 生徒D：−0.49×10＋50＝45.1

生徒E：−0.74×10＋50＝42.6

練習 2-8a　生徒 A：握力 −0.29, 持久走 −1.43, 50m 走 0.83　生徒 B：握力 1.71, 持久走 0.71, 50m 走 −1.67

（解説）　測定値を標準化するには，測定値と平均値の差を標準偏差で割って変換します。このとき，必ず「測定値から平均値を引く」ようにしてください。

生徒 A：握力 $\dfrac{37-39}{7} = -0.29$,　持久走 $\dfrac{300-380}{56} = -1.43$,

　　　50m 走 $\dfrac{8-7.5}{0.6} = 0.83$

生徒 B：握力 $\dfrac{51-39}{7} = 1.71$,　持久走 $\dfrac{420-380}{56} = 0.71$,

　　　50m 走 $\dfrac{6.5-7.5}{0.6} = -1.67$

　なお，握力については標準得点がプラスになるほど握力が強いこと，持久走と 50m 走については，標準得点がマイナスになるほど足が速いことを意味しますので，解釈の際にはその点に注意してください。

練習 2-8b　ア：正, イ：誤, ウ：誤, エ：正, オ：誤

（解説）　各説明文についての解説は次の通りです。

ア．生徒 A の握力の標準得点は −0.29 で，これは平均値より標準偏差 0.29 個分だけ小さな値であることを意味します。これに対し，持久走の標準得点は −1.43 で，これは平均値より標準偏差 1.43 個分だけ小さな値であることを意味します。持久走の標準得点が平均値より小さな値であるということは「平均よりも速い」ということですから，この文の説明は正しいといえます。

イ．生徒 A の握力の標準得点は 1.71 で，これは平均値より標準偏差 1.71 個分だけ大きな値であることを意味します。これに対し，持久走の標準得点は 0.71 で，これは平均値より標準偏差 0.71 個分だけ大きな値であることを意味します。標準得点でみた場合，平均値からのずれは握力のほうが大きいため，この文の説明は誤りです。

ウ．標準得点は，平均値から「標準偏差いくつ分」離れていあるかを示す
　　値です。「平均値の○倍」という意味ではありません。

エ．生徒 A の持久走の標準得点は −1.43，生徒 B の 50m 走の標準得点は
　　−1.67 で，ずれの幅（標準得点の絶対値）はどちらも 1.0 より大きく
　　なっています。

オ．標準得点は，その符号（プラス・マイナス）が平均値からのずれの向
　　き（プラス＝平均値より大，マイナス＝平均値より小）を，絶対値が
　　平均値からのずれ幅の大きさを示します。生徒 A の記録で平均値か
　　らのずれ幅がもっとも大きいのは，標準得点の絶対値が 1.43 の持久
　　走です。

第3章　関係を要約する指標
3.1　共分散と相関係数

練習 3-1a　3

解説　共分散は，各測定値の平均値からの偏差の積を平均したものです。

	1	2	3	4	5	平均値
X	10	8	4	7	6	7
偏差	3	1	−3	0	−1	
Y	19	1	10	7	13	10
偏差	9	−9	0	−3	3	
偏差の積	27	−9	0	0	−3	3

[共分散]

練習 3-1b　分散：4, 共分散：4

解説　分散は，各測定値の平均値からの偏差の 2 乗を平均したものです。

	1	2	3	4	5	平均値
X	10	8	4	7	6	7
偏差	3	1	−3	0	−1	
偏差^2	9	1	9	0	1	4

[分散]

共分散は，各測定値の平均値からの偏差の積を平均したものです。

	1	2	3	4	5	平均値
X	10	8	4	7	6	7
偏差	3	1	−3	0	−1	
X	19	1	10	7	13	10
偏差	3	1	−3	0	−1	
偏差の積	9	1	9	0	1	4

[共分散]

　この通り，同じデータ同士の共分散は分散と同じになります。このことから，1つの値の散らばり具合をまとめたものが分散，2つの値の散らばり具合をまとめたものが共分散ということがわかります。

練習 3-1c　X と Y の相関係数：0.25，Y と Z の相関係数：0.25

解説　相関係数は共分散をそれぞれのデータの標準偏差の積で割ったものです。X と Y の共分散は練習 3-1b ですでに求めてありますので，残りの Y と Z の共分散を求めます。共分散は各測定値の平均値からの偏差の積を平均したものです。

	1	2	3	4	5	平均値
Y	19	1	10	7	13	10
偏差	9	−9	0	−3	3	
Z	50	40	20	35	30	35
偏差	15	5	−15	0	−5	
偏差の積	135	−45	0	0	−15	15

[共分散]

　X，Y，Z それぞれの標準偏差を求めます。標準偏差は分散の正の平方根です。また，分散は偏差の2乗の平均値です。

$$X の分散 = \frac{(X-X の平均値)の合計}{測定値の個数}$$

$$= \frac{3^2 + 1^2 + (-3)^2 + 0^2 + (-1)^2}{5} = \frac{20}{5} = 4$$

$$標準偏差 = \sqrt{分散} = \sqrt{4} = 2$$

$$Y\text{の分散} = \frac{9^2 + (-9)^2 + 0^2 + (-3)^2 + 3^2}{5} = \frac{180}{5} = 36$$

$$\text{標準偏差} = \sqrt{36} = 6$$

$$Z\text{の分散} = \frac{15^2 + 5^2 + (-15)^2 + 0^2 + (-5)^2}{5} = \frac{500}{5} = 100$$

$$\text{標準偏差} = \sqrt{100} = 10$$

共分散を標準偏差の積で割って相関係数を求めます。

$$X\text{と}Y\text{の相関係数} = \frac{X\text{と}Y\text{の共分散}}{X\text{の標準偏差} \times Y\text{の標準偏差}}$$

$$= \frac{3}{2 \times 6} = \frac{3}{12} = 0.25$$

$$Y\text{と}Z\text{の相関係数} = \frac{Y\text{と}Z\text{の共分散}}{Y\text{の標準偏差} \times Z\text{の標準偏差}}$$

$$= \frac{15}{6 \times 10} = \frac{15}{60} = 0.25$$

データ Z はデータ X の値をそれぞれ 5 倍しただけのものですので，実質的にはデータ X と同じものです。この場合，X と Y，Y と Z の共分散の値はそれぞれ異なったものになりますが（3 と 15），相関係数は同じ値（0.25）になります。

　共分散と相関係数はどちらもデータ間の関係を要約する値ですが，共分散はこのように測定単位などの影響によって値が変わることがあるのに対し，相関係数はそうではありません。そのため，さまざまな変数間の関係の強さを比較する場合には，一般に共分散ではなく相関係数が用いられます。

練習 3-1d　各測定値の標準得点は次の通り。

	1	2	3	4	5
X の標準得点	1.5	0.5	-1.5	0	-0.5
Y の標準得点	1.5	-1.5	0	-0.5	0.5

解説　標準得点（z）は平均値からの偏差を標準偏差で割った値です（第 2

章「2.3　標準化」を参照）。

	1	2	3	4	5	平均値	標準偏差
X	10	8	4	7	6	7	2
偏差	3	1	−3	0	−1		
z	1.5	0.5	−1.5	0	−0.5		
Y	19	1	10	7	13	10	6
偏差	9	−9	0	−3	3		
z	1.5	−1.5	0	−0.5	0.5		

練習 3-1e　0.25

解説　共分散は，各測定値の平均値からの偏差の積を平均したものです。

	1	2	3	4	5	平均値
X の標準得点	1.5	0.5	−1.5	0	−0.5	0
偏差	1.5	0.5	−1.5	0	−0.5	
Y の標準得点	1.5	−1.5	0	−0.5	0.5	0
偏差	1.5	−1.5	0	−0.5	0.5	
偏差の積	2.25	−0.75	0	0	−0.25	0.25
						[共分散]

　この計算結果が練習 3-1c で求めた X と Y の相関係数に一致しているのは偶然ではありません。相関係数は共分散を標準化した値であり，共分散を求めてからそれを標準化しても，各測定値を標準化してから共分散を求めても，どちらも同じ結果（相関係数）になるのです。

練習 3-2a　共分散：31，　相関係数：0.74

解説　共分散は，各測定値の平均値からの偏差の積を平均したものです。

	参加者					平均値
	1	2	3	4	5	
完了時間（分）	8	16	18	14	9	13
偏差	−5	3	5	1	−4	
正答率（%）	70	85	80	90	60	77
偏差	−7	8	3	13	−17	
偏差の積	35	24	15	13	68	31
						[共分散]

相関係数は共分散を各データの標準偏差の積で割ったものです。各データの偏差から分散を算出し、標準偏差を求めます。

$$完了時間の分散 = \frac{(-5)^2 + 3^2 + 5^2 + 1^2 + (-4)^2}{5} = \frac{76}{5} = 15.2$$

$$標準偏差 = \sqrt{分散} = \sqrt{15.2} = 3.898\ldots$$

$$正答率の分散 = \frac{(-7)^2 + 8^2 + 3^2 + 13^2 + (-17)^2}{5} = \frac{580}{5} = 116$$

$$標準偏差 = \sqrt{分散} = \sqrt{116} = 10.770\ldots$$

共分散を標準偏差の積で割って相関係数を算出します。

$$相関係数 = \frac{共分散}{完了時間の標準偏差 \times 正答率の標準偏差}$$

$$= \frac{31}{3.90 \times 10.77} = 0.738\ldots$$

練習 3-2b　エ

解説　共分散（および相関係数）はプラスの値なので、この2つのデータ（完了時間と正答率）の間には一方の値が大きいほどもう一方の値も大きくなるという傾向（正の相関）があることがわかります。このことから、選択肢「エ」が正解となります。

練習 3-3a　−0.46

解説　まず共分散を求めます。共分散は、各測定値の平均値からの偏差の積を平均したものです。

	学生						平均値
	1	2	3	4	5	6	
内向性得点	9	21	15	13	19	7	14
偏差	−5	7	1	−1	5	−7	
いいねの数	16	7	1	9	3	6	7
偏差	9	0	−6	2	−4	−1	
偏差の積	−45	0	−6	−2	−20	7	−11

[共分散]

次に各データの標準偏差を求めます。

$$内向性の分散 = \frac{(-5)^2 + 7^2 + 1^2 + (-1)^2 + 5^2 + (-7)^2}{6} = \frac{150}{6} = 25$$

$$標準偏差 = \sqrt{分散} = \sqrt{25} = 5$$

$$いいねの分散 = \frac{9^2 + 0^2 + (-6)^2 + 2^2 + (-4)^2 + (-1)^2}{6} = \frac{138}{6} = 23$$

$$標準偏差 = \sqrt{分散} = \sqrt{23} = 4.796\ldots$$

最後に，共分散を標準偏差の積で割って相関係数を算出します。

$$相関係数 = \frac{共分散}{内向性の標準偏差 \times いいねの標準偏差} = \frac{-11}{5 \times 4.80} = -0.458\ldots$$

練習 3-3b　ア

解説　マイナスの相関係数は，「一方が高くなるほどもう一方は低くなる」という負の相関関係を示します。相関係数は「X が Y の原因である」というような**因果関係**の強さを示すものではありませんので，選択肢「エ」は誤りです。

3.2　順位相関係数

練習 3-4a　−0.9

解説　スピアマンの順位相関係数を算出するためには，測定値の順位についての情報が必要ですが，このデータではすでに各メンバーの順位が得られ

ているので，これらの値をそのまま用いて順位相関係数を求めます。

スピアマンの順位相関係数では，まずペアになる測定値同士で順位の差を求め，それらを2乗して合計します。

	メンバー				
	A	B	C	D	E
東京	2	1	5	4	3
大阪	4	5	2	1	3
差	−2	−4	3	3	0

$$順位の差^2 の合計 = (-2)^2 + (-4)^2 + 3^2 + 3^2 + 0^2 = 38$$

そしてこの値を次式で変換したものがスピアマンの順位相関係数です。

$$順位相関係数 = 1 - \frac{順位の差^2の合計 \times 6}{測定値ペアの個数 \times (測定値ペアの個数^2 - 1)}$$
$$= 1 - \frac{38 \times 6}{5 \times (5^2 - 1)} = 1 - \frac{228}{120} = 1 - 1.9 = -0.9$$

練習 3-4b　イ

解説　順位相関係数は，値がプラスの場合に2つのデータの間でペアとなる測定値の順位が類似（一致）していることを，値がマイナスの場合には測定値の順位が逆転していることを意味します。このデータの順位相関係数は−0.9ですので，測定値（グループメンバーの人気）の順位が東京と大阪で全体的に逆になっているということを意味します。そのため，正解は選択肢「イ」となります。

練習 3-5a　0

解説　このデータに含まれている値は順位ではあるのですが，この5人の中での順位ではなく，学年全体での順位ですので，まずは各教科について「5人の中での順位」を求める必要があります。そのうえで両教科における順位の差を求め，その2乗値の合計を求めます。

		児童				
		1	2	3	4	5
家庭		19	39	27	15	32
順位		2	5	3	1	4
生活		30	18	28	5	22
順位		5	2	4	1	3
順位の差		−3	3	−1	0	1

$$順位の差^2 の合計 = (-3)^2 + 3^2 + (-1)^2 + 0^2 + 1^2 = 20$$

　ここから次式でスピアマンの順位相関係数を求めます。

$$順位相関係数 = 1 - \frac{順位の差^2の合計 \times 6}{測定値ペアの個数 \times (測定値ペアの個数^2 - 1)}$$

$$= 1 - \frac{20 \times 6}{5 \times (5^2 - 1)} = 1 - \frac{120}{120} = 1 - 1 = 0$$

練習 3-5b　エ

解説　順位相関係数が 0 であるということは，この 2 つのデータの間に「一方の教科の成績が上位であればもう一方の教科の成績も上位である」という関係（正の相関関係）も「一方の成績が上位であればもう一方の成績は下位である」という関係（負の相関関係）もみられないということです。したがって選択肢「エ」が正解です。なお，「順位が逆である」場合（選択肢「ウ」）には，順位相関係数は 0 ではなくマイナスの値になります。

練習 3-6a　0.5

解説　この測定値は星の数であって順位ではありませんので，まずはすべてのショップについて各ショッピングサイトにおける評価順位を求める必要があります。そのうえで，両サイトにおける順位の差を求め，その 2 乗値の合計を求めます。

		ショップ					
		1	2	3	4	5	6	7
サイトA	4.9	2.8	3.6	4.3	4.1	3.1	3.2
順位	7	1	4	6	5	2	3
サイトR	3.9	3.3	3.7	4.1	2.2	2.4	2.6
順位	6	4	5	7	1	2	3
順位の差	1	−3	−1	−1	4	0	0

$$(\text{順位の差})^2 \text{の合計} = 1^2 + (-3)^2 + (-1)^2 + (-1)^2 + 4^2 + 0^2 + 0^2 = 28$$

ここから次式でスピアマンの順位相関係数を求めます。

$$\text{順位相関係数} = 1 - \frac{(\text{順位の差})^2 \text{の合計} \times 6}{\text{測定値ペアの個数} \times (\text{測定値ペアの個数}^2 - 1)}$$

$$= 1 - \frac{28 \times 6}{7 \times (7^2 - 1)} = 1 - \frac{168}{336} = 1 - 0.5 = 0.5$$

練習 3-6b　ウ

解説　順位相関係数がとる値の範囲は−1〜1で，順位相関係数の絶対値が大きいほど関連が強いことを意味します。このデータの順位相関係数は0.5ですので，中程度に相関があるといえそうです。

練習 3-7a　−0.7

解説　ピアソンの相関係数を求めるために，まず共分散を算出します。共分散は各測定値の平均値からの偏差の積を平均したものです。

	1	2	3	4	5	平均値
遅延時間	5	2	4	1	3	3
偏差	2	−1	1	−2	0	
正答数	3	4	1	5	2	3
偏差	0	1	−2	2	−1	
偏差の積	0	−1	−2	−4	0	−1.4
						[共分散]

次に各データの標準偏差を求めます。

$$遅延時間の分散 = \frac{(-5)^2 + 7^2 + 1^2 + (-1)^2 + 5^2 + (-7)^2}{5} = \frac{10}{5} = 2$$

$$標準偏差 = \sqrt{分散} = \sqrt{2}$$

$$正答数の分散 = \frac{9^2 + 0^2 + (-6)^2 + 2^2 + (-4)^2 + (-1)^2}{5} = \frac{10}{5} = 2$$

$$標準偏差 = \sqrt{分散} = \sqrt{2}$$

最後に，共分散を標準偏差の積で割って相関係数を算出します。

$$相関係数 = \frac{共分散}{遅延時間の標準偏差 \times 正答数の標準偏差} = \frac{-1.4}{\sqrt{2} \times \sqrt{2}} = -0.7$$

練習 3-7b　-0.7

解説　スピアマンの順位相関係数を算出するには，それぞれのデータで各測定値の順位を調べ，ペアになる測定値同士の順位の差を求める必要があります。

	1	2	3	4	5	平均値
遅延時間	5	2	4	1	3	3
順位	5	2	4	1	3	
正答数	3	4	1	5	2	3
順位	3	4	1	5	2	
順位の差	2	−2	3	−4	1	

順位の差を 2 乗して合計します。

$$(順位の差)^2 の合計 = 2^2 + (-2)^2 + 3^2 + (-4)^2 + 1^2 = 34$$

ここからスピアマンの順位相関係数を求めます。

$$順位相関係数 = 1 - \frac{(順位の差)^2 の合計 \times 6}{測定値ペアの個数 \times (測定値ペアの個数^2 - 1)}$$

$$= 1 - \frac{34 \times 6}{5 \times (5^2 - 1)} = 1 - \frac{204}{120} = 1 - 1.7 = -0.7$$

　このデータでは測定値と測定値の順位が同じ値です。じつは，このように測定値の順位を用いてピアソンの積率相関係数と求めた場合とスピアマンの順位相関係数は同じ結果になります。つまり，スピアマンの順位相関係数はピアソンの積率相関係数の特殊ケースといえるものなのです。

練習 3-8a　0.89

解説　まず共分散を求めます。共分散は，各測定値の平均値からの偏差の積を平均したものです。

	学生										平均値
	1	2	3	4	5	6	7	8	9	10	
学習時間	2	1	11	3	15	9	12	6	5	16	8
偏差	−6	−7	3	−5	7	1	4	−2	−3	8	
試験成績	1	0	27	2	42	26	40	25	17	90	27
偏差	−26	−27	0	−25	15	−1	13	−2	−10	63	
偏差の積	156	189	0	125	105	−1	52	4	30	504	116.4

[共分散]

次に各データの標準偏差を求めます。

$$学習時間の分散 = \frac{(-6)^2 + (-7)^2 + \cdots + (-3)^2 + 8^2}{10} = \frac{262}{10} = 26.2$$

$$標準偏差 = \sqrt{分散} = \sqrt{26.2} = 5.119\ldots$$

$$試験成績の分散 = \frac{(-26)^2 + (-27)^2 + \cdots + (-10)^2 + 63^2}{10} = \frac{6498}{10} = 649.8$$

$$標準偏差 = \sqrt{分散} = \sqrt{649.8} = 25.491\ldots$$

最後に，共分散を標準偏差の積で割って相関係数を算出します。

$$相関係数 = \frac{共分散}{学習時間の標準偏差 \times 試験成績の標準偏差} = \frac{116.4}{5.12 \times 25.49} = 0.891\ldots$$

練習 3-8b　1

解説　それぞれのデータで各測定値の順位を調べ，ペアになる測定値同士の順位の差を求めます。

	学生										平均値
	1	2	3	4	5	6	7	8	9	10	
学習時間	2	1	11	3	15	9	12	6	5	16	8
順位	2	1	7	3	9	6	8	5	4	10	
試験成績	1	0	27	2	42	26	40	25	17	90	27
順位	2	1	7	3	9	6	8	5	4	10	
順位の差	0	0	0	0	0	0	0	0	0	0	

　この場合，2つのデータで順位が完全に一致しており，順位の差はすべて0になりました。ここからスピアマンの順位相関係数を求めると次のようになります。

$$順位相関係数 = 1 - \frac{順位の差^2の合計 \times 6}{測定値ペアの個数 \times (測定値ペアの個数^2 - 1)}$$
$$= 1 - \frac{0}{10 \times (10^2 - 1)} = 1 - 0 = 1$$

　順位相関は勉強時間が長い人ほど確実に試験成績は高くなっているので，この場合の順位相関は1.0になります。

　次の図の左側は，このデータで散布図を作成し，各データ点の間を線でつないだものです。グラフに引いてある斜めの直線は，ピアソンの相関係数が想定する変数間の関係を示したものです。図の右側は，各測定値の順位を用いて作成したグラフです。

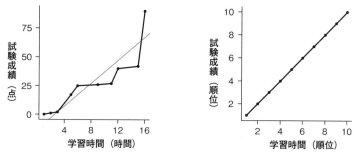

　ピアソンの相関係数では，相関係数が1の場合に各測定値がこのような直

線上に並ぶことを想定しています。このデータでは，一方の値が大きければもう一方の値も必ず大きいという関係があるのですが，測定値が直線状に並ばないため，ピアソンの相関係数は 1.0 にはなりません。

しかし，スピアマンの順位相関係数は測定値の順位だけを扱います。順位だけの情報で作成した右のグラフはデータ点が完全に直線上に並んでおり，この場合の相関係数は 1.0 になります。

このように，一方の値が増加するほどもう一方の値も増加するという関係があったとしても，測定値間の関係が直線的（線形）でない場合にはピアソンの相関係数はその関係をうまく代表できません。関係が直線的でない場合につねに順位相関係数が適切であるというわけではありませんが，このデータの場合には順位相関係数のほうが関係をうまく代表できているといえそうです。

3.3 連関係数

練習 3-9a 0.6

解説 φ 係数は次の式で算出します。

$$
\begin{aligned}
\varphi \text{ 係数} &= \frac{(\mathcal{F}) \times (\mathcal{I}) - (\mathcal{I}) \times (\mathcal{P})}{\sqrt{(\mathcal{D}) \times (\mathcal{F}) \times (\mathcal{D}) \times (\mathcal{F})}} \\
&= \frac{40 \times 40 - 10 \times 10}{\sqrt{50 \times 50 \times 50 \times 50}} \\
&= \frac{1500}{\sqrt{50^2 \times 50^2}} = \frac{1500}{2500} \\
&= 0.6
\end{aligned}
$$

	好き	嫌い	計
女性	40 $^{\mathcal{F}}$	10 $^{\mathcal{I}}$	50 $^{\mathcal{D}}$
男性	10 $^{\mathcal{P}}$	40 $^{\mathcal{I}}$	50 $^{\mathcal{F}}$
計	50 $^{\mathcal{D}}$	50 $^{\mathcal{F}}$	100

練習 3-9b エ

解説 φ 係数は相関係数と同様に $-1 \sim 1$ の値をとり，係数が 0 の場合には連関なし，係数の全体値が 1 に近いほど連関が強いことを意味します。φ 係数は性別と甘いものの好き嫌いの連関の強さを数値化したもので，甘い物好きの比率が男女でどの程度異なるかを数値化したものではありません。そのため，選択肢「ア」と「イ」は誤りです。φ 係数は 0.6 で中程度以上の連

関があるので，選択肢「エ」が正解です。

練習 3-10a　　-0.47

解説　　φ 係数は次の式で算出します。

$$
\begin{aligned}
\varphi \,\text{係数} &= \frac{(\text{ア}) \times (\text{エ}) - (\text{イ}) \times (\text{ウ})}{\sqrt{(\text{カ}) \times (\text{キ}) \times (\text{ク}) \times (\text{ケ})}} \\
&= \frac{5 \times 10 - 20 \times 20}{\sqrt{25 \times 30 \times 25 \times 30}} \\
&= \frac{-350}{\sqrt{25^2 \times 30^2}} = \frac{-350}{750} \\
&= -0.466\dots
\end{aligned}
$$

	する	しない	計
会社員	5$^\text{ア}$	20$^\text{イ}$	25$^\text{カ}$
医師	20$^\text{ウ}$	10$^\text{エ}$	30$^\text{キ}$
計	25$^\text{ク}$	30$^\text{ケ}$	55

練習 3-10b　　ウ

解説　　φ 係数は投稿者の違いとメッセージの影響力の連関を数値化したもので，メッセージの影響力や投稿者の信頼性そのものを数値化したものではありませんので「ア」と「イ」は誤りです。このデータの φ 係数は -0.47 で，中程度の連関がみられるので選択肢「ウ」が正解です。

　なお，今回 φ 係数がマイナスの値でしたが，名義尺度データは測定値の間に決まった順序性がないため，係数がマイナスの値かプラスの値かということはほとんど意味をもちません。今回のデータでも医師をクロス表の1行目，会社員を2行目にして係数を求めると，φ 係数は 0.47 となってプラスになります。

練習 3-11a　　0.6

解説　　このデータから φ 係数を求めるには，まずは結果を次のようなクロス集計表にまとめる必要があります。

	承諾	拒否	計
アウェー	8	2	10
ホーム	2	8	10
計	10	10	20

　ここから φ 係数を求めます。

$$\varphi \, 係数 = \frac{8 \times 8 - 2 \times 2}{\sqrt{10 \times 10 \times 10 \times 10}} = \frac{60}{\sqrt{10^2 \times 10^2}} = \frac{60}{100} = 0.6$$

練習 3-11b　ア

解説　φ 係数は 2 つのデータの連関の強さを数値化したものであり，頼みごとを断れる確率や実験者の影響力を数値化したものではありませんので，「イ」と「エ」は誤りです。また，φ 係数は 0.6 で中程度以上の連関がみられるので，選択肢「ア」が正解です。

練習 3-11c　0.6

解説　まずは状況と結果のそれぞれで平均値を求めます。状況は 20 人中 10 人が 1，残り 10 人が -1 なので，平均値は $(1 \times 10 + (-1) \times 10) \div 20 = 0$，結果も 20 人中 10 人が 1，残り 10 人が -1 なので平均値は同じく 0 になります。

また，状況と結果の分散はそれぞれ $((1-0)^2 \times 10 + ((-1)-0)^2 \times 10) \div 20 = 1$ で，標準偏差も $\sqrt{1} = 1$ となります。

さらに，平均値がいずれも 0 なので，各値の平均値からの偏差はデータ値そのものとなり，偏差の積はそれぞれの値を掛け合わせたものと同じになります。

	対象者									
	1	2	3	4	5	6	7	8	9	10
状況の偏差	-1	-1	-1	1	-1	1	1	-1	1	1
結果の偏差	1	-1	-1	1	-1	1	1	-1	1	-1
偏差の積	-1	1	1	1	1	1	1	1	1	-1

	11	12	13	14	15	16	17	18	19	20
状況の偏差	-1	-1	1	1	-1	-1	-1	1	1	1
結果の偏差	-1	-1	1	1	-1	1	-1	-1	1	1
偏差の積	1	1	1	1	1	-1	1	-1	1	1

偏差の積は値が 1 であるものが 16 個，-1 が 4 個なので，偏差の積の平均値（共分散）は $(1 \times 16 + (-1) \times 4) \div 20 = 12 \div 20 = 0.6$，ピアソンの積率

相関係数は共分散を標準偏差の積で割ったものなので，$0.6 \div (1 \times 1) = 0.6$ と求まります。

　ここで注目してほしいのは，ピアソンの積率相関係数と φ 係数の値がまったく同じであることです。これは偶然ではありません。φ 係数は，2種類の値をもつ名義尺度データ（たとえば「ホーム」と「アウェー」）の一方を「1」，もう一方を「-1（あるいは 0）」とおいて数値化し[*1]，そこからピアソンの積率相関係数を求めた場合と同一のものになります。つまり，スピアマンの順位相関係数と同様に，この φ 係数もピアソンの積率相関係数の特殊ケースの一つなのです。

練習 3-12a　0.39

解説　クラメールの連関係数を算出するには，まず連関が 0 の場合の度数（期待度数）を求めなければなりません。期待度数は次のようにして求めます。

場面	認識された表情			計
	笑い	無感情	悲しみ	
お笑い	$\dfrac{29 \times 8}{58} = 4$	$\dfrac{29 \times 40}{58} = 20$	$\dfrac{29 \times 10}{58} = 5$	29
悲　劇	$\dfrac{29 \times 8}{58} = 4$	$\dfrac{29 \times 40}{58} = 20$	$\dfrac{29 \times 10}{58} = 5$	29
計	8	40	10	58

期待度数と実際のデータ（観測度数）の差の 2 乗を期待度数で割ります。

場面	認識された表情		
	笑い	無感情	悲しみ
お笑い	$\dfrac{(6-4)^2}{4} = 1$	$\dfrac{(22-20)^2}{20} = 0.2$	$\dfrac{(1-5)^2}{5} = 3.2$
悲　劇	$\dfrac{(2-4)^2}{4} = 1$	$\dfrac{(18-20)^2}{20} = 0.2$	$\dfrac{(9-5)^2}{5} = 3.2$

[*1]　このような操作は**ダミーコーディング**とよばれます。

これらの値を合計したものが χ^2 です。

$$\chi^2 = 1 + 1 + 0.2 + 0.2 + 3.2 + 3.2 = 8.8$$

最後にクラメールの連関係数 (V) を求めます

$$V = \sqrt{\frac{\chi^2}{総度数 \times (行数と列数の小さいほうの数 - 1)}} = \sqrt{\frac{8.8}{58 \times (2-1)}}$$

$$= \sqrt{0.1517\ldots} = 0.389\ldots$$

練習 3-12b　ア

解説　クラメールの連関係数は2つのデータの連関の強さを数値化したものであり，特定の回答をする率や影響力を数値化したものではありませんので，「ウ」と「エ」は誤りです。また，連関係数は0.39で，少なくとも中程度かそれ以上の連関がみられます。したがって選択肢「ア」が正解です。

第4章　推定と検定

4.1　母集団と標本

練習 4-1a　正

解説　推測統計では，関心のある集団全体を母集団，そこから取り出した一部を標本とよびます。

練習 4-1b　正

解説　この場合，関心のある全体は「日本に住む女性」で，これが母集団です。そこから取り出された「100人の女性」は集団の一部なので標本です。

練習 4-1c　誤

解説　この場合，関心のある集団全体は「高校生」で，これが母集団になります。この場合の標本は，高校生全体のうち，実際に学力検査を受けた高校生，あるいはその一部の集団です。この場合，母親は関係ありません。

練習 4-1d　正

解説　視聴率調査では，対象となる地域でテレビを所有している世帯の一部を調査した結果に基づいて視聴率を計測しています。この場合，テレビを所有している世帯全体を母集団，視聴率調査の対象世帯を標本と考えて問題ないでしょう。

練習 4-2a　誤

解説　正規分布する母集団から抽出した標本が正規分布になることが期待されるのは，十分な大きさをもった標本が母集団から無作為に抽出されている場合だけです。ごく小さな標本や，分布の特定の場所から集中的に抜き出したような場合には正規分布にならない可能性が高くなります。

練習 4-2b　正

解説　正規分布する母集団から無作為抽出した標本の平均値を求める操作を無数に繰り返すと，その平均値の分布（標本分布）は正規分布に近似します。このことは「中心極限定理」とよばれています。

練習 4-2c　誤

解説　母集団の平均値と同じ値になるのは，標本平均値の期待値（理論上の値）です。実際の標本平均値が母集団の平均値（母平均）とつねに同じになるわけではありません。

練習 4-2d　正

解説　標本サイズ（標本に含まれる測定値の個数）が大きくなるほど，標準誤差は小さくなり，母集団の値に対する推測精度が高くなります。

練習 4-2e　誤

解説　標準誤差は，その母集団から無作為抽出された標本の平均値の分布（標本分布）の分散の平方根であり，標本平均値の標準偏差です。標本そのものの標準偏差ではありません。

4.2　母集団の推定

練習 4-3a　下図の通り。

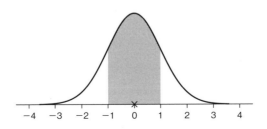

解説　母集団の平均値は 0 ですから，横軸の 0 の位置が平均値です。また，標準偏差は 1 なので，−1 から 1 までがその範囲です。

練習 4-3b　下図の通り。

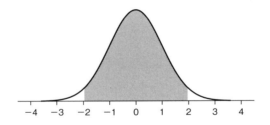

解説　例題の分布は平均値 0，標準偏差 1 の正規分布で，これは**標準正規分布**ですので，この分布で値が平均値から標準偏差 1 つ分の範囲（−1 〜 1）に含まれる確率は 68.27％です。この確率が 95％になるのは，標準正規分布では −1.960 〜 1.960 の範囲です。なお，この 1.960 という値は，標準正規分布で**両側確率 5％**となる z の値として求めることができます。本書には標準正規分布に関する数値表はありませんが，自由度が無限大の t 分布は標準正規分布と同じになりますので，両側確率 5％の t 分布表で自由度 ∞（無限大）の臨界値を求めれば両側 95％になる z の値を知ることができます。

練習 4-4a　　下図の通り。

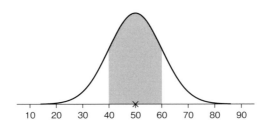

解説　　この分布の平均値は 50 ですから，横軸の 50 の位置が平均値です。また，標準偏差は 10 なので，50−10＝40 から 50＋10＝60 までがその範囲です。

練習 4-4b　　下図の通り。

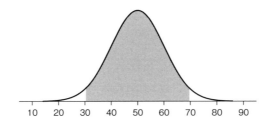

解説　　練習 4-3b でみたように，標準正規分布（z の分布）の場合には，両側 95％になるのは $z = -1.960 \sim 1.960$ の範囲です。ただし，この分布は平均値 50，標準偏差 10 なので，z を次のように変換することで，$z = -1.960$ 〜 1.960 に対応する範囲を知ることができます。

$$この母集団における位置 = 平均値 + z \times 標準偏差$$

　ここから，この正規分布における $z = 1.960$ の点は，$50 + 1.960 \times 10 = 69.6$ と求まります。また，$z = -1.960$ に対応する点は $50 - 1.960 \times 10 = 30.4$ となります。

練習 4-4c　下図の通り。

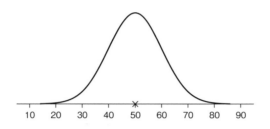

解説　平均値が 50 の母集団から無作為抽出された標本における平均値の期待値は，母平均と同じく 50 です。

練習 4-4d　下図の通り。

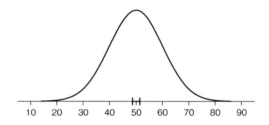

解説　平均値 50 の母集団から無作為抽出された標本における平均値の「期待値」は母平均と同じく 50 ですが，実際には母集団から抽出された標本に含まれる測定値は標本抽出のたびに異なりますので，その平均値は 50 とはいくらかずれた値になる場合がほとんどです。そして，その場合における平均値の標準的なばらつきの幅を示したものが標準誤差です。

　ここで，仮に「この母集団から標本サイズ 16 の標本を抽出して平均値を算出する」という操作を 100 回繰り返したとすると，「標本サイズ 16 の標本」の平均値は 100 個算出されることになります。そして，この 100 個の「平均値」を 100 個の測定値と考えると，その 100 個の値の平均値や標準偏差を求めることができるようになります。

　標準誤差というのは，このように「同じ母集団から同サイズの標本を無作為抽出して平均値を算出する」という操作を無数に繰り返した場合に得られ

る「平均値の標準偏差」のことです。そしてこの標準誤差は，母集団の分散
（母分散）と標本サイズとの間に次のような関係があることがわかっていま
す。

$$標準誤差 = \sqrt{\frac{母分散}{標本サイズ}}$$

　例題では母集団の標準偏差は 10 （分散 $= 10^2 = 100$），標本サイズが 16 で
すので，この場合の標準誤差は次のように求められます。

$$標準誤差 = \sqrt{\frac{10^2}{16}} = 2.5$$

　そして，平均値 （50） の前後 2.5 の範囲が標準誤差の範囲ですので，50 −
2.5 = 47.5 ～ 50 + 2.5 = 52.5 の範囲が答えとなります。

練習 4-5a　 b

解説　平均値 15，標準偏差 9 の母集団から標本サイズ 9 の標本を抽出した
場合，その標準誤差は次のようになります。

$$標準誤差 = \sqrt{\frac{母分散}{標本サイズ}} = \sqrt{\frac{9^2}{9}} = 3$$

　したがって，15 − 3 = 12 ～ 15 + 3 = 18 の範囲に分布の大部分が収まる b の
図が正解です。なお，a の図は母集団 （平均値 15，標準偏差 9） の分布です。

練習 4-5b　下図の通り。

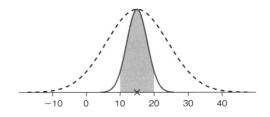

解説　まず，標本平均の期待値は，母集団の平均値と同じく15です。

　練習4-3bでもみたように，標準正規分布（zの分布）における両側95%の範囲はz = −1.960 〜 1.960です。標準正規分布の標準偏差は1ですので，−1.960 〜 1.960の幅というのは，標準偏差の1.96倍の大きさの範囲と考えることができます。

　これを標本平均の分布にあてはめて考えてみましょう。標本サイズ9の標本の平均値は15，標準誤差は次の通りとなります。

$$標準誤差 = \sqrt{\frac{母分散}{標本サイズ}} = \sqrt{\frac{9^2}{9}} = 3$$

　ここで，標準誤差は「抽出した標本の平均値」の標準偏差のことなので，この問題は平均値15，標準偏差3の分布について両側95%の範囲を求めるのと同じことになります。

　先ほどのzの範囲を平均値15，標準偏差3の正規分布にあてはめると，次のようになります。

$$この分布における位置 = 平均値 + z × 標準偏差$$
$$上限 = 15 + 1.960 × 3 = 20.88$$
$$下限 = 15 − 1.960 × 3 = 9.12$$

　したがって，両側95%の範囲は9.12 〜 20.88となります。

　なお，ここで得られた結果は，この母集団から「標本サイズ9」の標本を無作為抽出して平均値を算出するということを繰り返したとき，確率的にはそれら標本の平均値のうちの95%（100回中95回）がこの範囲の値になるということを意味しています。

練習4-5c　母集団の平均値（15）は含まれる。95%信頼区間の範囲は下図の通り。

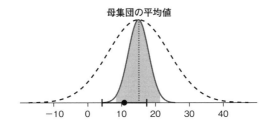

解説　この場合，母集団の標準偏差（母分散の平方根）が 9 と明らかです
ので，平均値の 95％信頼区間は次の通りとなります。

$$95\%\text{信頼区間} = \text{標本平均値} \pm 1.960 \times \sqrt{\dfrac{\text{母分散}}{\text{標本サイズ}}}$$

$$\text{下限} = 12 - 1.960 \times \sqrt{\dfrac{9^2}{9}} = 6.12 \quad \text{上限} = 12 + 1.960 \times \sqrt{\dfrac{9^2}{9}} = 17.88$$

練習 4-5d　母集団の平均値（15）は含まれる。95％信頼区間の範囲は下図
の通り。

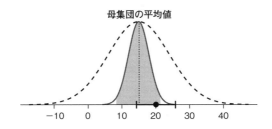

解説　先ほどと同じ手順で平均値の 95％信頼区間を求めると次の通りとな
ります。

$$\text{下限} = 20 - 1.960 \times \sqrt{\dfrac{9^2}{9}} = 14.12 \quad \text{上限} = 20 + 1.960 \times \sqrt{\dfrac{9^2}{9}} = 25.88$$

練習 4-5e　母集団の平均値（15）は含まれない。95％信頼区間の範囲は下図の通り。

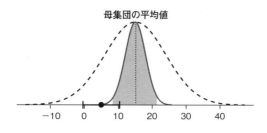

母集団の平均値

解説　先ほどと同じ手順で平均値の 95％信頼区間を求めると次の通りとなります。

$$下限 = 5 - 1.960 \times \sqrt{\frac{9^2}{9}} = -0.88 \quad 上限 = 5 + 1.960 \times \sqrt{\frac{9^2}{9}} = 10.88$$

練習 4-5f　オ

解説　ここまでの練習でみてきたように，平均値 15，標準偏差 9 の母集団から標本サイズ 9 の標本を無作為抽出するということを何度も繰り返したとき，その平均値は平均値 15，標準偏差 3 の正規分布になると考えられます。なお，この分布における標準偏差は「標本平均の標準偏差」ですので，標準誤差と同じものです。

また，練習 4-5b の解説で説明したように，同じ母集団から同サイズの標本を無作為抽出して平均値を求めるという操作を繰返し行ったとき，その平均値の 95％はこの分布における平均値を中心とした前後（両側）95％の範囲に収まります。なお，選択肢エは，この「標本平均値の分布における両側95％」についての説明となります。これは「平均値の 95％信頼区間」そのものではありません。

「平均値の 95％信頼区間」は，実際に得られた標本から算出された平均値の前後に，この「両側 95％の範囲」の幅と同じ幅を設定することによって求められます。ということは，この母集団から得られた標本サイズ 9 の標本

の平均値がこの「両側 95％の範囲」にあれば，その平均値を用いて算出された「95％信頼区間」には母集団の平均値が必ず含まれることになります。

　また，同じ母集団から同サイズの標本を無作為抽出して平均値を算出するということを繰返し行った際，その平均値がこの「両側 95％の範囲」の内側の値になる確率は 95％なのですから，同様の手順で標本を無作為抽出して信頼区間を算出するということを繰返し行ったとき，その信頼区間で母集団の平均値をとらえられる可能性も 95％ということになります。したがって，選択肢オが正解です。

練習 4-6　母集団の平均値（母平均）の推定値：24，95％信頼区間：16.05 〜 31.95

解説　母集団の平均値の推定値には標本の平均値をそのまま用います。

$$平均値 = \frac{14 + 10 + 27 + 16 + 37 + 18 + 25 + 40 + 29}{9} = 24$$

　次に信頼区間ですが，ここでは母集団の分散についての情報がありません。このような場合には，母集団の分散（母分散）の代わりに，標本から得られる不偏分散の値を用いて信頼区間を求めます。またその場合，z の代わりに「標本サイズ -1」の自由度をもつ t の分布を利用します。

$$95\%信頼区間 = 標本平均値 \pm t \times \sqrt{\frac{不偏分散}{標本サイズ}}$$

　z を用いて信頼区間を設定する場合と同様に，t の場合も平均値の前後に 95％の幅（両端の 5％を除いた幅）を設定します。巻末の数値表から，自由度 $9-1=8$ における両側 5％の t の臨界値は 2.306 です。

　また，不偏分散は，各測定値と平均値の偏差 2 乗の合計を「標本サイズ -1」，つまり自由度 8 で割った値です。

$$不偏分散 = \frac{(14-24)^2 + (10-24)^2 + \cdots + (40-24)^2 + (29-24)^2}{8} = 107$$

　したがって，平均値の 95％信頼区間の下限と上限は次のようになります。

$$下限 = 24 - 2.306 \times \sqrt{\frac{107}{9}} = 16.048\ldots \quad 上限 = 24 + 2.306 \times \sqrt{\frac{107}{9}} = 31.951\ldots$$

4.3 統計的仮説検定

練習 4-7　ア：c　イ：f　ウ：h　エ：i　オ：k　カ：m　キ：l　ク：n
ケ：s

第5章　平均値の検定

5.1 1標本の平均値の検定

練習 5-1a　標本分布の図は下の通り。平均値：20。

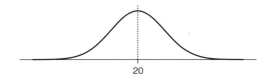

20

解説　平均値 20 の正規分布する母集団から無作為抽出された標本の平均値
の分布は，もとの母集団と同じ平均値 20 の正規分布になります。

練習 5-1b　前後 95%の範囲は 18.53 ～ 21.47 で，図に示すと次の通り。

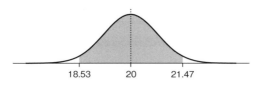

18.53　　20　　21.47

解説　正規分布する母集団から抽出された標本の平均値の分布は母集団と
同じく正規分布になりますので，この分布における両側 95%の範囲は，平
均値の前後に標準偏差の 1.960 倍の範囲になります。この分布の標準偏差は，
3 という標準偏差（分散 $= 3^2 = 9$）をもつ母集団から標本サイズ 16 の標本を
抽出する場合の平均値の標準誤差として求めることができます。

$$標準誤差 = \sqrt{\frac{母分散}{標本サイズ}} = \sqrt{\frac{3^2}{16}} = 0.75$$

95％の範囲 ＝ 20 ± 1.960 × 標準誤差

下限 ＝ 20 − 1.960 × 0.75 ＝ 18.53　　上限 ＝ 20 + 1.960 × 0.75 ＝ 21.47

練習 5-1c　この分布で 17 の位置を図に示すと次の通り。

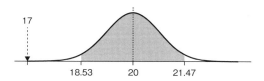

解説　この図から，17 という値はこの分布における 95％の範囲の下限値よりかなり小さい値であることがわかります。

練習 5-1d　**帰無仮説**：平均値 − 20 ＝ 0（または，平均値 ＝ 20）

　対立仮説：平均値 − 20 ≠ 0（または，平均値 ≠ 20）

　検定統計量（算出した値）：$z = -4$　**検定結果**：有意な差がある（$p < .05$）

解説　1 標本の平均値の差の検定では，想定される母集団の平均値が「ある値」と異なるかどうかを確かめます。ここでの帰無仮説は，「母集団の平均値と 20 という値の間に差がない」つまり，「（母集団の）平均値 − 20 ＝ 0」となります。また，対立仮説はこの帰無仮説と対立する形になりますので，「平均値 − 20 ≠ 0」です。

　仮説検定では，帰無仮説が正しい場合を想定して検定統計量の算出を行います。つまり，母集団の平均値が 20 で標準偏差が 3 であると想定した場合に，そこから抽出された標本から得られる値がどのようなものであるかを考えるわけです。

　そして，じつはここまでの問題では，その計算を行ってきました。母集団（性格検査の得点）の平均値が 20，標準偏差が 3 の場合，そこから標本サイズ 16 の標本（大学生 16 人からなる標本）を無作為抽出したとき，その平均値が従う分布が練習 5-1a の答えです。また，練習 5-1b で算出した「両側

「95％」の範囲は，この平均値の分布において確率的に十分あり得る範囲（帰無仮説が保持される範囲）を示しています。この場合，標本平均の分布における標準偏差（つまり標準誤差）である 0.75 の 1.96 倍の大きさの範囲内であれば，帰無仮説は棄却されません。

しかし，標本（大学生 16 人）の平均値は 17 で，20 点より 3 点低い値です。この 3 点という差は，標準誤差である 0.75 の 4 倍の大きさなので，「前後95％」の範囲から大きく外れています。つまり，17 点という平均値は，平均値 20 点の分布から抽出した標本の平均値としては確率的にまずあり得ないほどに低いということです。そこで，「平均値＝20 点とする帰無仮説には無理がある」ということになり，帰無仮説は棄却されます。つまり，「差が有意」というのが検定結果です。

このように，平均値の検定では「標本平均値と想定される母平均の差」を標準誤差で割った値が検定統計量 z となります。

$$z = \frac{\text{標本平均} - \text{母平均}}{\text{標準誤差}} = \frac{\text{標本平均} - \text{母平均}}{\sqrt{\dfrac{\text{母分散}}{\text{標本サイズ}}}} = \frac{17 - 20}{\sqrt{\dfrac{3^2}{16}}} = \frac{-3}{0.75} = -4$$

先ほどの練習問題では平均値や平均値の差の大きさそのものを図に示しましたが，それらの値を標準誤差（本標本平均の標準偏差）を基準として図に示すと次のようになります。先ほどの練習問題とは数値の表現の仕方（平均値の差そのものを示すか，標準誤差で標準化した値を示すか）が違うだけで，それ以外はまったく同じであることがわかると思います。

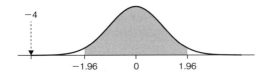

練習 5-2a　標本分布の図は下の通り。平均値：30。

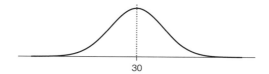

解説　平均値 30 の正規分布する母集団から無作為抽出された標本の平均値の分布は，もとの母集団と同じ平均値 30 の正規分布になります。

練習 5-2b　144

解説　母集団の分散の不偏推定値となるのは不偏分散です。そして，標本の標準偏差の 2 乗が分散（この場合は不偏分散）です。つまり，$12^2 = 144$ です。

練習 5-2c　95％の範囲は 20.776 ～ 39.224 で，図に示すと次の通り。

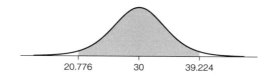

解説　この場合の分布は，自由度「標本サイズ−1」の t 分布です。この分布における 95％の範囲は，平均値の前後に標準誤差を両側確率5％の t の臨界値 2.306 倍した範囲になります。この分布の標準誤差は，$12^2 = 144$ という不偏分散をもとに，次のように求めることができます。

$$標準誤差 = \sqrt{\frac{不偏分散}{標本サイズ}} = \sqrt{\frac{12^2}{9}} = 4$$

両側 95％の範囲 $= 30 \pm 2.306 \times 標準誤差$

下限 $= 30 - 2.306 \times 4 = 20.776$　　上限 $= 30 + 2.306 \times 4 = 39.224$

練習 5-2d この分布における 35 の位置は次の通り。

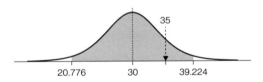

解説 この図から，35 という値はこの分布における両側 95% の範囲に含まれる値であることがわかります。

練習 5-2e **帰無仮説**：平均値 − 30 = 0（または，平均値 = 30）

対立仮説：平均値 − 30 ≠ 0（または，平均値 ≠ 30）

検定統計量（実現値）：$t = 1.25$　**自由度**：8　**検定結果**：有意な差はない（*n.s.*）

解説 この問題は，検定統計量として z の代わりに t を用いる以外は先ほどの練習 5-1d と同じです。ここでの帰無仮説は，「母集団の平均値と 30 という値の間に差がない」つまり，「（母集団の）平均値 − 30 = 0」となります。また，対立仮説はこの帰無仮説と対立する形になりますので，「平均値 − 30 ≠ 0」です。そして練習 5-1d と同様に，帰無仮説が正しい場合を想定して検定統計量の算出を行います。

　この問題では，母集団（作業課題の得点）の平均値は 30 と想定されていますが，母集団の分散については値がありません。そこで，標本から算出される不偏分散を用いて母集団の分散を推定します。この場合の不偏分散は，練習 5-2b で求めた 144 という値です。母集団が平均値 30，分散 144 であると想定し，そこから標本サイズ 9 の標本（成人 9 人からなる標本）を無作為抽出した場合，その平均値が従う分布は練習 5-2a の答えです。また，練習 5-2b で算出した「両側 95%」の範囲は，この平均値の分布において確率的に十分あり得る範囲（帰無仮説が保持される範囲）を示しています。

　この問題では，標本（成人 9 人）の平均値は 35 で，30 点より 5 点高い値です。この 5 点という差は，標準誤差である 4 の 1.25 倍の大きさで，これは「平均値の前後 95%」の範囲内です。つまり，35 点という平均値は，平

均値30点の分布から抽出した標本の平均値としては確率的に十分あり得る
ものです。そのため、「平均値＝30点」とする帰無仮説は棄却されず、「有
意な差はない」というのが検定結果です。

　なお、実際の検定では、「標本の平均値」と「想定される母平均」の差を
標準誤差で割った値が検定統計量 t となります。

$$t = \frac{標本平均 - 母平均}{標準誤差} = \frac{標本平均 - 母平均}{\sqrt{\dfrac{不偏分散}{標本サイズ}}} = \frac{35 - 30}{\sqrt{\dfrac{12^2}{9}}} = \frac{5}{4} = 1.25$$

　そして、このようにして差の大きさを標準誤差で標準化した場合の結果を
図に示すと次のようになります。この結果は、数値の単位が違うだけで、練
習5-2dのものと同じであることがわかると思います。

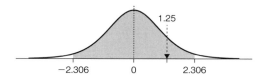

練習 5-3　有意な差はない（$z = -1.50$, *n.s.*）

解説　この場合の帰無仮説は「平均値－100＝0」、対立仮説は「平均値
－100≠0」です。帰無仮説が正しいという仮定のもとで、標準偏差15の母
集団から $N = 25$ の標本を抽出した場合の平均値の標準誤差は次のようにな
ります。

$$標準誤差 = \sqrt{\frac{母分散}{標本サイズ}} = \sqrt{\frac{15^2}{25}} = 3$$

　この問題では母集団の標準偏差から標準誤差を算出していますので、検定
統計量は z です。そして、検定統計量 z の値は次のように求まります。

$$z = \frac{標本平均 - 母平均}{標準誤差} = \frac{95.5 - 100}{3} = -1.5$$

これまでに何度もみてきたように，zの両側確率5%の臨界値は1.960です（自由度無限大のtの臨界値と同じです）。

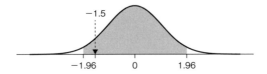

算出したzの絶対値はこの臨界値より小さいので，帰無仮説は棄却されません。したがって，「有意な差はない」が検定結果となります。

練習5-4　有意な差がある　$(t(15) = 3.20, p < .05)$

解説　この場合の帰無仮説は「平均値＝0」，対立仮説は「平均値≠0」です。この標本の標準偏差は1.5なので，その母集団の分散の推定値（不偏分散）は$1.5^2 = 2.25$です。不偏分散2.25の母集団から$N = 16$の標本を抽出したとき，その平均値の標準誤差は次のようになります。

$$標準誤差 = \sqrt{\frac{不偏分散}{標本サイズ}} = \sqrt{\frac{1.5^2}{16}} = 0.375$$

この問題では母集団の分散の代わりに不偏分散を用いて標準誤差を算出していますので，tの分布を用いて検定を行います。検定統計量tの値は次のように求まります。

$$t = \frac{標本平均 - 母平均}{標準誤差} = \frac{1.2 - 0}{0.375} = 3.2$$

この場合，tの自由度は「標本サイズ－1＝15」です。

自由度15のtの両側確率5%の臨界値は，t分布表から，2.131と求まります。

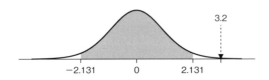

　算出した t の値（3.2）はこの臨界値で示される範囲の外側にあるので，帰無仮説は棄却されます。したがって，「有意な差がある」が検定結果となります。

練習 5-5　有意な差がある（$z = 2.00$, $p < .05$）

解説　この場合の帰無仮説は「平均値 $-30 = 0$」，対立仮説は「平均値 $-30 \neq 0$」です。帰無仮説が正しいという仮定のもとで，標準偏差 9 の母集団から $N = 9$ の標本を抽出したとき，その平均値の標準誤差は次のようになります。

$$標準誤差 = \sqrt{\frac{母分散}{標本サイズ}} = \sqrt{\frac{9^2}{9}} = 3$$

　この問題では母集団の標準偏差が明らかで，そこから標準誤差を算出していますので，検定統計量は z です。そして，検定統計量 z の値は次のように求まります。

$$z = \frac{標本平均 - 母平均}{標準誤差} = \frac{36 - 30}{3} = 2$$

　これまでに何度もみてきたように，z の両側確率5%の臨界値は1.960です（自由度無限大の t の臨界値と同じです）。

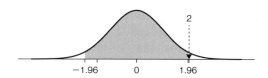

　算出した z の値はこの臨界値で示される範囲の外側にあるので，帰無仮説は棄却されます。したがって，「有意な差がある」が検定結果となります。

練習 5-6　有意な差はない（$t(6) = -2.26$, *n.s.*）

解説　この場合の帰無仮説は「平均値 $-32 = 0$」，対立仮説は「平均値 $-32 \neq 0$」です。この標本の不偏分散は次の通りです。

$$不偏分散 = \frac{(測定値-平均値)^2の合計}{標本サイズ-1}$$

$$= \frac{(24-28)^2+(33-28)^2+\cdots+(27-28)^2}{7-1} = \frac{132}{6} = 22$$

不偏分散 22 の母集団から $N=7$ の標本を抽出したとき，その平均値の標準誤差は次のようになります。

$$標準誤差 = \sqrt{\frac{不偏分散}{標本サイズ}} = \sqrt{\frac{22}{7}} = 1.772\ldots$$

　この問題では母集団の分散の代わりに不偏分散を用いて標準誤差を算出していますので，t の分布を用いて検定を行います。検定統計量 t の値は次のように求まります。

$$t = \frac{標本平均-母平均}{標準誤差} = \frac{28-32}{1.772} = -2.257\ldots$$

　この場合，t の自由度は「標本サイズ$-1=6$」です。

　自由度 6 の t の両側確率 5% の臨界値は，t 分布表から，2.447 と求まります。

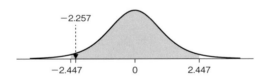

　算出した t の値はこの臨界値で示される範囲の内側なので，帰無仮説は棄却されません。したがって，「有意な差はない」が検定結果となります。

5.2　対応あり2標本の平均値の検定

練習 5-7a　有意に異なる　$(t(8) = -2.62,\ p<.05)$

解説　この問題は，標本データが1種類しかなく，先ほどの1標本の t 検定とまったく同じです。この場合の帰無仮説は「平均値$=0$」，対立仮説は

「平均値≠0」です。また，この標本の不偏分散は次の通りです。

$$不偏分散 = \frac{(測定値-平均値)^2の合計}{標本サイズ-1}$$

$$= \frac{(2-(-2))^2+(-3-(-2))^2+\cdots+(-4-(-2))^2}{9-1} = \frac{42}{8} = 5.25$$

不偏分散5.25の母集団から$N=9$の標本を抽出したとき，その平均値の標準誤差は次のようになります。

$$標準誤差 = \sqrt{\frac{不偏分散}{標本サイズ}} = \sqrt{\frac{5.25}{9}} = 0.763\ldots$$

母集団の分散の代わりに不偏分散を用いて標準誤差を算出していますので，tの分布を用いて検定を行います。検定統計量tの値は次のように求まります。

$$t = \frac{標本平均-母平均}{標準誤差} = \frac{-2-0}{0.763} = -2.618\ldots$$

この場合，tの自由度は「標本サイズ$-1=8$」です。

自由度8のtの両側確率5%の臨界値は，t分布表から，2.306と求まります。

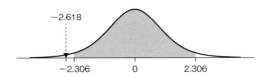

算出したtの値はこの臨界値で示される範囲の外側なので，帰無仮説は棄却されます。したがって，「有意な差がある」が検定結果となります。

練習 5-7b　有意な差がある　$(t(8) = -2.62, p < .05)$

解説　対応ありのデータにおけるt検定の手順は，先ほどの1標本のt検定とまったく同じです。測定データとしては，実施前と後の2種類の測定値があるのですが，検定に使用するのはこの2つの差の値です。そして，この場合の帰無仮説は「差の平均値$=0$」，対立仮説は「差の平均値$\neq 0$」です。

対応する測定値同士で前後の差を求めた後の計算手順は，先ほどの問題と
まったく同一です。

		1	2	3	4	5	6	7	8	9	平均
	参加者										
前		19	29	24	22	10	33	18	16	9	20
後		17	32	26	23	16	35	18	18	13	22
前後の差		2	−3	−2	−1	−6	−2	0	−2	−4	−2

$$不偏分散 = \frac{(各個人の差-差の平均値)^2の合計}{標本サイズ-1}$$

$$= \frac{(2-(-2))^2+(-3-(-2))^2+\cdots+(-4-(-2))^2}{9-1} = \frac{42}{8} = 5.25$$

$$標準誤差 = \sqrt{\frac{差の不偏分散}{標本サイズ}} = \sqrt{\frac{5.25}{9}} = 0.763\ldots$$

$$t = \frac{差の平均-母平均}{標準誤差} = \frac{-2-0}{0.763} = -2.618\ldots$$

　自由度8のtの両側確率5％の臨界値は，t分布表から，2.306と求まります。算出したtの値はこの臨界値で示される範囲の外側なので，帰無仮説は棄却されます。したがって，「有意な差がある」が検定結果となります。

練習 5-8　有意な差がある（$t(4)=3.38$, $p<.05$）

解説　対応ありデータのt検定では，各ペアにおける条件間の差（$A-B$）がデータとなります。この場合の帰無仮説は「$A-B$の平均値$=0$」，対立仮説は「$A-B$の平均値$\neq 0$」です。

　この帰無仮説が正しいと仮定した場合の検定統計量tは次の式により算出されます。

$$t = \frac{\text{A}-\text{B の平均値}}{\text{標準誤差}} = \frac{\text{A}-\text{B の平均値}}{\sqrt{\dfrac{\text{A}-\text{B の不偏分散}}{\text{標本サイズ}}}}$$

　A−B の平均値は 4，標本サイズは参加者の人数（5）ですでにわかっていますので，A−B の不偏分散がわかれば t を算出できます。

　A−B の不偏分散は，各参加者の「A−B の値」と「A−B の平均値」の偏差 2 乗の合計を自由度（5−1）で割って求められます。

$$\text{A}-\text{B の不偏分散} = \frac{(5-4)^2 + (3-4)^2 + (0-4)^2 + (5-4)^2 + (7-4)^2}{5-1} = 7$$

ここから，t の値は次の通りとなります。

$$t = \frac{4}{\sqrt{\dfrac{7}{5}}} = \frac{4}{\sqrt{1.4}} = 3.381\ldots$$

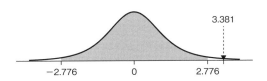

　この場合の t の自由度は不偏分散を求めるときと同じ 5−1＝4 です。自由度 4 における t の両側確率 5％ の臨界値は 2.776 で，算出した t の値のほうが臨界値より大きい（範囲の外側にある）ので，「A−B の平均値＝0」という帰無仮説は棄却され，対立仮説である「A−B の平均値 ≠ 0」が採用されます。つまり「有意な差がある」が検定結果です。

練習 5-9　有意な差はない（$t(5) = 1.00$, *n.s.*）

解説　対応ありデータの t 検定では，各ペアにおける条件間の差（2 回目−1 回目）がデータとなります。この場合の帰無仮説は「差の平均値＝0」，対立仮説は「差の平均値 ≠ 0」です。

	学生						平均
	1	2	3	4	5	6	
1回目	52	26	45	35	66	49	45.5
2回目	59	32	42	42	76	40	48.5
2回目－1回目	7	6	−3	7	10	−9	3.0

　この帰無仮説が正しいと仮定した場合の検定統計量 t は次の式により算出されます。

$$t = \frac{差の平均値}{標準誤差} = \frac{差の平均値}{\sqrt{\dfrac{差の不偏分散}{標本サイズ}}}$$

　差の平均値は3，標本サイズは参加者の人数（6）です。差の不偏分散は，各参加者における「2回目－1回目」の値とその平均値の間の偏差2乗の合計を自由度（6－1）で割って求められます。

$$差の不偏分散 = \frac{(7-3)^2 + (6-3)^2 + \cdots + (-9-3)^2}{6-1} = 54$$

ここから，t の値は次の通りとなります。

$$t = \frac{3}{\sqrt{\dfrac{54}{6}}} = \frac{3}{\sqrt{9}} = 1$$

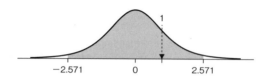

　この場合の t の自由度は不偏分散を求めるときと同じ 6－1＝5 です。自由度5における t の両側確率5％の臨界値は2.571で，算出した t の値のほうが臨界値より小さい（範囲の内側にある）ので，「差の平均値＝0」という帰無

無仮説は棄却されません。つまり「有意な差はない」が検定結果です。

練習 5-10 有意な差がある ($t(5) = 2.83$, $p < .05$)

【解説】 対応ありデータのt検定では，各ペアにおける条件間の差がデータとなります。この問題では，同一人物で複数回の測定を行ったものではありませんが，夫と妻でペアが一意に決まりますので，対応ありデータとして考えることができます。したがって，各夫婦における妻と夫の得点差がデータとなります。この場合の帰無仮説は「差の平均値＝0」，対立仮説は「差の平均値≠0」です。

	夫婦						平均
	1	2	3	4	5	6	
夫	23	12	16	32	3	10	16
妻	26	23	25	29	20	24	24.5
妻－夫	3	11	9	−3	17	14	8.5

この帰無仮説が正しいと仮定した場合の検定統計量 t は次の式により算出されます。

$$t = \frac{差の平均値}{標準誤差} = \frac{差の平均値}{\sqrt{\dfrac{差の不偏分散}{標本サイズ}}}$$

差の平均値は 8.5，標本サイズは対象となった夫婦の数（6）です。差の不偏分散は，各夫婦内での差とそれらの平均値の間の偏差 2 乗の合計を自由度（6−1）で割って求められます。

$$差の不偏分散 = \frac{(3-8.5)^2 + (11-8.5)^2 + \cdots + (14-8.5)^2}{6-1} = 54.3$$

ここから，t の値は次の通りとなります。

$$t = \frac{8.5}{\sqrt{\dfrac{54.3}{6}}} = \frac{8.5}{\sqrt{9.05}} = 2.825$$

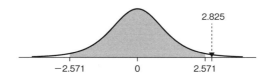

　この場合の t の自由度は不偏分散を求めるときと同じ $6-1=5$ です。自由度 5 における t の両側確率 5% の臨界値は 2.571 で，算出した t の値のほうが臨界値より大きい（範囲の外側にある）ので，「差の平均値＝0」という帰無仮説は棄却されます。つまり「有意な差がある」が検定結果です。

5.3　対応なし 2 標本の平均値の検定

練習 5-11a　下図の通り。

解説　もとの母集団の平均値が同じであれば，そこから無作為抽出される標本の平均値も同じ値である可能性が高いので，その場合には A クラスと B クラスの標本平均値の差は 0 になる可能性がもっとも高くなります。また，「平均値の差」の分布における平均値も 0 です。

　この分布の標準偏差（つまり「平均値の差」の標準誤差）は，次のようにして求められます。

$$標準誤差 = \sqrt{\frac{母分散推定値_A}{測定値の個数_A} + \frac{母分散推定値_B}{測定値の個数_B}}$$

　ＡクラスとＢクラスの母分散の推定値が等しい場合，この式は次のようにまとめられます。

$$標準誤差 = \sqrt{母分散推定値} \times \sqrt{\frac{1}{測定値の個数_A} + \frac{1}{測定値の個数_B}}$$

　また，母分散推定値は 2 標本の不偏分散の式の分母と分子をそれぞれ足し合わせた値になります。

$$母分散推定値 = \frac{偏差_A^2 の合計 + 偏差_B^2 の合計}{測定値の個数_A - 1 + 測定値の個数_B - 1}$$

$$= \frac{偏差_A^2 の合計 + 偏差_B^2 の合計}{測定値の個数_A + 測定値の個数_B - 2}$$

　さらに，Ａクラスの標本とＢクラスの標本の偏差 2 乗の合計は次の通りです。

$$偏差_A^2 の合計 = (33-41)^2 + (34-41)^2 + \cdots + (46-41)^2 = 1342$$
$$偏差_B^2 の合計 = (24-56)^2 + (35-56)^2 + \cdots + (48-56)^2 = 3130$$

　したがって，母分散の推定値および標準誤差は次のようになります。

$$母分散推定値 = \frac{1342 + 3130}{6 + 6 - 2} = 447.2$$

$$標準誤差 = \sqrt{447.2} \times \sqrt{\frac{1}{6} + \frac{1}{6}} = 12.209\ldots$$

練習 5-11b　下図の通り。

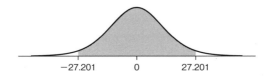

-27.201　　　0　　　27.201

解説　標準誤差を算出する際に母集団の分散そのものではなくその推定値を用いているため，ここでの分布は t 分布になります。自由度 $6+6-2=10$ の t 分布における両側確率5%の臨界値は 2.228 で，この値に標準誤差を掛けると $2.228 \times 12.209 = 27.201\ldots$ となります。$-27.201 \sim 27.201$ がこの分布における平均値の前後95%の範囲です。

練習 5-11c　下図の通り。

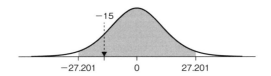

-15

-27.201　　　0　　　27.201

解説　AクラスとBクラスの平均値の差は -15 点です。-15 点という差は，この分布における平均値の前後95%の範囲内にあるのがわかります。

練習 5-11d　**帰無仮説**：Aクラスの平均値とBクラスの平均値に差はない（平均値$_A$－平均値$_B$＝0）

　　対立仮説：Aクラスの平均値とBクラスの平均値に差がある（平均値$_A$－平均値$_B$≠0）

　　検定統計量（実現値）：$t = -1.23$　**自由度**：10　**検定結果**：有意でない（*n.s.*）

解説　帰無仮説「平均値$_A$－平均値$_B$＝0」が正しいと仮定した場合のAクラスとBクラスの平均値の差の分布は練習 5-11a のところで求めた通りです。この分布における標準誤差は 12.209 です。また，標本におけるAクラスとBクラスの平均値の差は -15 です。

　　これらの情報を用いると，検定統計量 t の値は次のように求まります。

$$t = \frac{\text{平均値の差}}{\text{標準誤差}} = \frac{-15}{12.209} = -1.228\ldots$$

また，この場合の自由度はAクラスの人数＋Bクラスの人数－2＝10で，この自由度における両側確率5％のtの臨界値は2.228です。

先ほど算出したtの絶対値はこの臨界値よりも小さいので，帰無仮説は棄却できません。したがって，AクラスとBクラスの平均値に有意な差があるとはいえないというのが検定結果になります。

なお，練習5-11cの結果を，標準誤差で標準化した場合の値で図に示すと次のようになります。数値の単位が異なるだけで，練習5-11cの結果と同じであることがわかると思います。

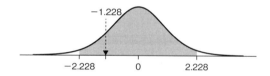

練習5-12 有意な差はない（$t(8) = 1.83$, *n.s.*）

解説 この場合の帰無仮説は，「商品Aと商品Bで評価の平均値の間に差はない（平均値$_A$－平均値$_B$＝0）」，対立仮説は「商品Aと商品Bで評価の平均値の間に差がある（平均値$_A$－平均値$_B \neq 0$）」です。

この場合の検定統計量tは次の式により算出されます。

$$t = \frac{\text{平均値}_A - \text{平均値}_B}{\text{標準誤差}}$$

「平均値$_A$－平均値$_B$＝0」という帰無仮説が正しいと仮定した場合で，かつ商品Aと商品Bで分散が同じである場合，標準誤差は次の式で求められます。

$$\text{標準誤差} = \sqrt{\text{母分散推定値}} \times \sqrt{\frac{1}{\text{測定値の個数}_A} + \frac{1}{\text{測定値の個数}_B}}$$

なお，母分散の推定値は次の通りです。

$$母分散推定値 = \frac{偏差_A^2の合計 + 偏差_B^2の合計}{測定値の個数_A + 測定値の個数_B - 2}$$

まず，商品Aと商品Bの平均値は4（商品A）と3（商品B）なので，それぞれの偏差2乗の合計は，次の通りです。

$$偏差_A^2の合計 = (5-4)^2 + (3-4)^2 + (5-4)^2 + (4-4)^2 + (3-4)^2 = 4$$
$$偏差_B^2の合計 = (3-3)^2 + (2-3)^2 + (3-4)^2 + (3-3)^2 + (4-3)^2 = 2$$

したがって，母分散の推定値は次の通りとなります。

$$母分散推定値 = \frac{4+2}{5+5-2} = 0.75$$

ここから，標準誤差は次のように求まります。

$$標準誤差 = \sqrt{0.75} \times \sqrt{\frac{1}{5} + \frac{1}{5}} = 0.547\ldots$$

最後に，tの値は次のようになります。

$$t = \frac{平均値_A - 平均値_B}{標準誤差} = \frac{4-3}{0.547} = 1.828\ldots$$

また，この場合のtの自由度は次の値です。

$$測定値の個数_A + 測定値の個数_B - 2 = 5 + 5 - 2 = 8$$

自由度8の両側5%のtの臨界値は2.306で，算出したtの値はこれより小さいので「平均値_A − 平均値_B = 0」という帰無仮説は棄却されません。したがって，「有意な差はない」というのが検定結果となります。

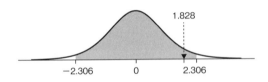

練習 5-13　有意な差がある　$(t(10) = 2.48, \ p < .05)$

解説　この場合の帰無仮説は，「自宅学生と地方学生の間に差はない（平均値$_{自宅}$－平均値$_{地方}$＝0）」，対立仮説は「自宅学生と地方学生の間に差がある（平均値$_{自宅}$－平均値$_{地方}$≠0）」です。

この場合の検定統計量 t は次の式により算出されます。

$$t = \frac{平均値_{自宅} - 平均値_{地方}}{標準誤差}$$

「平均値$_{自宅}$－平均値$_{地方}$＝0」という帰無仮説が正しいと仮定した場合で，かつ自宅学生と地方学生で分散が同じである場合，標準誤差は次の式で求められます。

$$標準誤差 = \sqrt{母分散推定値} \times \sqrt{\frac{1}{測定値の個数_{自宅}} + \frac{1}{測定値の個数_{地方}}}$$

なお，母分散の推定値は次の通りです。

$$母分散推定値 = \frac{偏差^2_{自宅}の合計 + 偏差^2_{地方}の合計}{測定値の個数_{自宅} + 測定値の個数_{地方} - 2}$$

まず，自宅学生（平均値 12）と地方学生（平均値 8）におけるそれぞれの偏差 2 乗の合計は次の通りです。

$$偏差^2_{自宅}の合計 = (8-12)^2 + (14-12)^2 + \cdots + (8-12)^2 + (13-12)^2 = 50$$
$$偏差^2_{地方}の合計 = (10-8)^2 + (5-8)^2 + \cdots + (11-8)^2 + (7-8)^2 = 28$$

したがって，母分散の推定値は次の通りとなります。

$$母分散推定値 = \frac{50 + 28}{6 + 6 - 2} = 7.8$$

ここから，標準誤差は次のように求まります。

$$標準誤差 = \sqrt{7.8} \times \sqrt{\frac{1}{6} + \frac{1}{6}} = 1.612\ldots$$

最後に，t の値は次のようになります。

$$t = \frac{\text{平均値}_{自宅} - \text{平均値}_{地方}}{\text{標準誤差}} = \frac{12-8}{1.612} = 2.481\ldots$$

また，この場合の t の自由度は次の値です。

$$\text{測定値の個数}_{自宅} + \text{測定値の個数}_{地方} - 2 = 6 + 6 - 2 = 10$$

自由度 10 の両側 5% の t の臨界値は 2.228 で，算出した値の絶対値はこれより大きいので「平均値$_{自宅}$ − 平均値$_{地方}$ = 0」という帰無仮説は棄却されます。したがって，「有意な差がある」というのが検定結果となります。

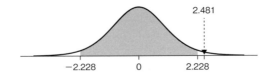

練習 5-14　有意な差はない（$t(9) = -2.12$, *n.s.*）

解説　この場合の帰無仮説は，「条件 A と条件 B の平均値の間に差はない（平均値$_A$ − 平均値$_B$ = 0）」，対立仮説は「条件 A と条件 B の平均値の間に差がある（平均値$_A$ − 平均値$_B \neq 0$）」です。

この場合の検定統計量 t は次の式により算出されます。

$$t = \frac{\text{平均値}_A - \text{平均値}_B}{\text{標準誤差}}$$

「平均値$_A$ − 平均値$_B$ = 0」という帰無仮説が正しいと仮定した場合で，かつ条件 A と条件 B で分散が同じである場合，標準誤差は次の式で求められます。

$$\text{標準誤差} = \sqrt{\text{母分散推定値}} \times \sqrt{\frac{1}{\text{測定値の個数}_A} + \frac{1}{\text{測定値の個数}_B}}$$

なお，母分散の推定値は次の通りです。

$$母分散推定値 = \frac{偏差_A^2の合計 + 偏差_B^2の合計}{測定値の個数_A + 測定値の個数_B - 2}$$

まず，条件 A（平均値＝24）と条件 B（平均値＝37）におけるそれぞれの偏差2乗の合計は次の通りです。

$$偏差_A^2の合計 = (20-24)^2 + (20-24)^2 + \cdots + (25-24)^2 + (40-24)^2 = 370$$

$$偏差_B^2の合計 = (25-37)^2 + (47-37)^2 + \cdots + (50-37)^2 + (40-37)^2 = 552$$

したがって，母分散の推定値は次の通りとなります。

$$母分散推定値 = \frac{370 + 552}{5 + 6 - 2} = 102.444\ldots$$

ここから，標準誤差は次のように求まります。

$$標準誤差 = \sqrt{102.444} \times \sqrt{\frac{1}{5} + \frac{1}{6}} = 6.128\ldots$$

最後に，t の値は次のようになります。

$$t = \frac{平均値_A - 平均値_B}{標準誤差} = \frac{24-37}{6.128} = -2.121\ldots$$

また，この場合の t の自由度は次の値です。

$$測定値の個数_A + 測定値の個数_B - 2 = 5 + 6 - 2 = 9$$

自由度9の両側5%の t の臨界値は2.262で，算出した値の絶対値はこれより小さいので「平均値_A－平均値_B＝0」という帰無仮説は棄却されません。したがって，「有意な差はない」というのが検定結果となります。

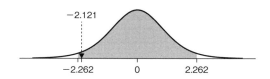

5.4 総合練習

練習 5-15　有意な差はない（$t(8) = -1.39$, *n.s.*）

解説　この例題データでは，調査対象者は A 国と B 国という 2 つの異なる集団から別々に集められています。そして，たとえば A 国の 1 人目の対象者と B 国の 1 人目の対象者の間に特別な関係があるわけではなく，A 国，B 国のそれぞれの中で対象者の順序を入れ替えてもデータとして何ら問題がありません。こうしたことから，2 カ国の調査データには決まった「対応」はないといえます。ですから，対応なしの t 検定を用います。

この場合の帰無仮説は，「A 国と B 国の平均値の間に差はない（平均値$_A$ − 平均値$_B = 0$）」，対立仮説は「A 国と B 国の平均値の間に差がある（平均値$_A$ − 平均値$_B \neq 0$）」です。

この場合の検定統計量 t は次の式により算出されます。

$$t = \frac{\text{平均値}_A - \text{平均値}_B}{\text{標準誤差}}$$

「平均値$_A$ − 平均値$_B = 0$」という帰無仮説が正しいと仮定した場合で，かつ A 国と B 国で分散が同じである場合，標準誤差は次の式で求められます。

$$\text{標準誤差} = \sqrt{\text{母分散推定値}} \times \sqrt{\frac{1}{\text{測定値の個数}_A} + \frac{1}{\text{測定値の個数}_B}}$$

なお，母分散の推定値は次の通りです。

$$\text{母分散推定値} = \frac{\text{偏差}_A^2\text{の合計} + \text{偏差}_B^2\text{の合計}}{\text{測定値の個数}_A + \text{測定値の個数}_B - 2}$$

まず，A 国（平均値 6）と B 国（平均値 7.2）におけるそれぞれの偏差 2 乗の合計は次の通りです。

$$\text{偏差}_A^2\text{の合計} = (8.2-6)^2 + (6.2-6)^2 + \cdots + (5.7-6)^2 + (5.7-6)^2 = 8.3$$

$$\text{偏差}_B^2\text{の合計} = (5.6-7.2)^2 + (8.8-7.2)^2 + \cdots + (8.2-7.2)^2 + (6.8-7.2)^2 = 6.64$$

したがって，母分散の推定値は次の通りとなります。

$$母分散推定値 = \frac{8.3 + 6.64}{5 + 5 - 2} = 1.8675$$

ここから，標準誤差は次のように求まります。

$$標準誤差 = \sqrt{1.8675} \times \sqrt{\frac{1}{5} + \frac{1}{5}} = 0.864\ldots$$

最後に，t の値は次のようになります。

$$t = \frac{平均値_A - 平均値_B}{標準誤差} = \frac{6 - 7.2}{0.864} = -1.388\ldots$$

また，この場合の t の自由度は次の値です。

$$偏差の個数_A + 偏差の個数_B - 2 = 5 + 5 - 2 = 8$$

自由度 8 の両側 5％ の t の臨界値は 2.306 で，算出した値の絶対値はこれより小さいので「平均値$_A$ － 平均値$_B$ ＝ 0」という帰無仮説は棄却されません。したがって，「有意な差はない」というのが検定結果となります。

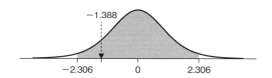

練習 5-16　有意な差がある（$t(5) = -3.23$, $p < .05$）

解説　この練習問題では，プログラム実施前と実施後のそれぞれについて同じ学校を対象として測定しています。そのため，同じ学校のプログラム実施前と実施後の測定値をペアとしてとらえ，その変化量について検討するということが可能になります。したがって，このデータは対応ありのデータです。

　対応ありデータのt検定では，各ペアにおける条件間の差（「後－前」または「前－後」）がデータとなります。この場合の帰無仮説は「差の平均値＝0」，対立仮説は「差の平均値≠0」です。

	学校						平均
	1	2	3	4	5	6	
実施前	10	12	16	10	12	18	13
実施後	6	7	15	10	6	10	9
後－前	−4	−5	−1	0	−6	−8	−4

　この帰無仮説が正しいと仮定した場合の検定統計量tは次の式により算出されます。

$$t = \frac{差の平均値}{標準誤差} = \frac{差の平均値}{\sqrt{\dfrac{差の不偏分散}{標本サイズ}}}$$

　差の平均値は−4，標本サイズは対象となった学校の数（6）です。差の不偏分散は，各学校における差の値とその平均値の偏差2乗の合計を自由度（6−1）で割って求められます。

$$差の不偏分散 = \frac{(-4-(-4))^2 + (-5-(-4))^2 + \cdots + (-8-(-4))^2}{6-1} = 9.2$$

ここから，tの値は次の通りとなります。

$$t = \frac{-4}{\sqrt{\dfrac{9.2}{6}}} = \frac{-4}{\sqrt{1.533\ldots}} = -3.230\ldots$$

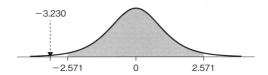

　この場合の t の自由度は不偏分散を求めるときと同じ $6-1=5$ です。自由度 5 における t の両側確率 5% の臨界値は 2.571 で，算出した t の値は臨界値で示される範囲の外側にあるので，「差の平均値 $=0$」という帰無仮説は棄却されます。つまり「有意な差がある」が検定結果です。

練習 5-17　有意な差がある　$(t(8) = -2.77, \ p < .05)$

解説　この例題データでは，調査対象者は条例ありの市と条例なしの市という 2 つの異なる集団から別々に集められています。そして，たとえば条例ありの市の 1 つ目のバス停と条例なしの市の 1 つ目のバス停の間に特別な関係があるわけではなく，条例ありの市，条例なしの市のそれぞれでバス停の順序を入れ替えてもデータとして何ら問題がありません。こうしたことから，2 市の調査データには決まった「対応」はないといえます。ですから，対応なしの t 検定を用います。

　この場合の帰無仮説は，「条例ありの市と条例なしの市の平均値の間に差はない（平均値あり － 平均値なし $=0$）」，対立仮説は「条例ありの市と条例なしの市の平均値の間に差がある（平均値あり － 平均値なし $\neq 0$）」です。

　この場合の検定統計量 t は次の式により算出されます。

$$t = \frac{平均値_{あり} - 平均値_{なし}}{標準誤差}$$

「平均値あり － 平均値なし $=0$」という帰無仮説が正しいと仮定した場合で，かつ 2 つの市で分散が同じである場合，標準誤差は次の式で求められます。

$$標準誤差 = \sqrt{母分散推定値} \times \sqrt{\frac{1}{測定値の個数_{あり}} + \frac{1}{測定値の個数_{なし}}}$$

なお，母分散の推定値は次の通りです。

$$母分散推定値 = \frac{偏差^2_{あり}の合計 + 偏差^2_{なし}の合計}{測定値の個数_{あり} + 測定値の個数_{なし} - 2}$$

まず，条例あり（平均値＝11）と条例なし（平均値＝24）におけるそれぞれの偏差2乗の合計は次の通りです。

$$偏差^2_{あり}の合計 = (8-11)^2 + (7-11)^2 + \cdots + (15-11)^2 + (16-11)^2 = 70$$

$$偏差^2_{なし}の合計 = (20-24)^2 + (20-24)^2 + \cdots + (25-24)^2 + (40-24)^2 = 370$$

したがって，母分散の推定値は次の通りとなります。

$$母分散推定値 = \frac{70 + 370}{5 + 5 - 2} = 55$$

ここから，標準誤差は次のように求まります。

$$標準誤差 = \sqrt{55} \times \sqrt{\frac{1}{5} + \frac{1}{5}} = 4.690\ldots$$

最後に，t の値は次のようになります。

$$t = \frac{平均値_{あり} - 平均値_{なし}}{標準誤差} = \frac{11-24}{4.69} = -2.771\ldots$$

また，この場合の t の自由度は次の値です。

$$測定値の個数_{あり} + 測定値の個数_{なし} - 2 = 5 + 5 - 2 = 8$$

自由度8の両側5％の t の臨界値は2.306で，算出した t の絶対値はこれより大きいので「平均値_{あり} − 平均値_{なし} ＝ 0」という帰無仮説は棄却されます。したがって，「有意な差がある」というのが検定結果となります。

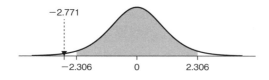

第**6**章　分散分析

6.1　1要因分散分析

練習 6-1a　表の完成形は次の通り。

	地域 A	地域 B	地域 C
	5=3+2	3=7+(−4)	8=8+0
	2=3+(−1)	8=7+1	9=8+1
	5=3+2	9=7+2	5=8+(−3)
	2=3+(−1)	6=7+(−1)	10=8+2
	1=3+(−2)	9=7+2	8=8+0
平均	3	7	8

解説　各測定値と，その地域の平均値との差は，地域の違い（主効果）からは説明できないずれの部分で，分散分析ではこれを「誤差」とみなします。

練習 6-1b　表の完成形は次の通り。

	地域 A	地域 B	地域 C
	5=6+(−3)+2	3=6+1+(−4)	8=6+2+0
	2=6+(−3)+(−1)	8=6+1+1	9=6+2+1
	5=6+(−3)+2	9=6+1+2	5=6+2+(−3)
	2=6+(−3)+(−1)	6=6+1+(−1)	10=6+2+2
	1=6+(−3)+(−2)	9=6+1+2	8=6+2+0
平均	3=6+(−3)	7=6+1	8=6+2

解説　各地域の平均値と，測定値全体の平均値との差は，地域の違い（主効果）による平均値のずれと考えられます。分散分析では，この主効果のずれが誤差に対して十分に大きいかどうかを確かめます。

練習 6-1c　**主効果の平方和：70　誤差の平方和：54**

解説　地域Aの測定値における「全体平均値と地域平均値の差」は−3で，地域Aの測定値は全部で5つありますので，地域Aにおける「全体平均値

と地域平均値の差」の2乗の合計は $(-3)^2 \times 5$ として求めることができます。地域Bと地域Cについても計算は同様ですので，測定値全体での「全体平均値と地域平均値の差（主効果）」の2乗の合計は次のように求めることができます。

$$主効果の平方和 = (-3)^2 \times 5 + 1^2 \times 5 + 2^2 \times 5 = 70$$

　誤差の平方和は，「各測定値と地域平均値の差」をすべて2乗して合計します。

$$
\begin{aligned}
誤差の平方和 = {} & 2^2 + (-1)^2 + 2^2 + (-1)^2 + (-2)^2 \\
& + (-4)^2 + 1^2 + 2^2 + (-1)^2 + 2^2 \\
& + 0^2 + 1^2 + (-3)^2 + 2^2 + 0^2 = 54
\end{aligned}
$$

練習6-1d　主効果の自由度：2　誤差の自由度：12

解説　比較する地域の数は3なので，主効果の自由度は $3-1=2$ です。また，全体の自由度は「測定値の総数 $-1 = 14$」なので，そこから2を引いた12が誤差の自由度です。なお，誤差の自由度は測定値の総数（15）から「比較する条件の数（3）」を引くことによっても求められます。

練習6-1e　主効果の分散：35　誤差の分散：4.5　$F = 7.78$

解説　主効果の分散は，主効果の平方和を主効果の自由度で，誤差の分散は，誤差の平方和を誤差の自由度でそれぞれ割った値です。

$$主効果の分散 = \frac{主効果の平方和}{主効果の自由度} = \frac{70}{2} = 35$$

$$誤差の分散 = \frac{誤差の平方和}{誤差の自由度} = \frac{54}{12} = 4.5$$

最後に，この2つの分散の比（F）を求めます。

$$F = \frac{主効果の分散}{誤差の分散} = \frac{35}{4.5} = 7.777\ldots$$

練習6-1f 主効果が有意

(解説) 自由度2，12のFの分布および有意水準5%の臨界値は3.885で，算出したFの値（7.78）はこれを上回っていますので，主効果は有意です。なお，Fは主効果の分散と誤差の分散の比ですから，$F=1$であれば主効果と誤差の分散が同じ，$F>1$であれば主効果が誤差より大きいということです。「主効果がない」という帰無仮説を棄却するには，主効果（条件間の平均値のばらつき）が誤差に比べて十分に大きい（有意水準5%の臨界値より大きい）ことが必要となります。

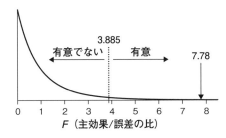

図6.1 自由度2，12のF分布と上側5%の臨界値

また，ここまでの計算結果を一覧表（分散分析表）の形でまとめると次のようになります。

効果	平方和	自由度	分散	F
主効果（地域の差）	70	2	35.00	7.78
誤差	54	12	4.50	

練習6-2a 各測定値について書き直した結果は次の通り。

ショップA	ショップB	ショップC
6＝5＋(−1)＋2	1＝5＋(−2)＋(−2)	7＝5＋3＋(−1)
1＝5＋(−1)＋(−3)	3＝5＋(−2)＋0	9＝5＋3＋1
4＝5＋(−1)＋0	2＝5＋(−2)＋(−1)	7＝5＋3＋(−1)
5＝5＋(−1)＋1	6＝5＋(−2)＋3	9＝5＋3＋1

解説　主効果による偏差は「各ショップの平均値－全体平均値」，誤差は「各測定値－ショップ平均値」で求めることができます。

練習 6-2b　主効果平方和：56　主効果自由度：2　誤差平方和：32　誤差自由度：9

解説　主効果の平方和はすべての測定値における「各ショップの平均値－全体平均値」の値を 2 乗して合計したものです。各条件（ショップ）にそれぞれ測定値が 4 個ずつあるということに注意してください。

$$
\begin{aligned}
主効果平方和 =\ & (ショップ\,A\,平均値 - 全体平均値)^2 \times 4 \\
& + (ショップ\,B\,平均値 - 全体平均値)^2 \times 4 \\
& + (ショップ\,C\,平均値 - 全体平均値)^2 \times 4 \\
=\ & (-1)^2 \times 4 + (-2)^2 \times 4 + 3^2 \times 4 = 56
\end{aligned}
$$

　誤差の平方和はすべての測定値における「測定値－ショップ平均値」の値を 2 乗して合計したものです。

$$
\begin{aligned}
誤差平方和 =\ & (測定値 - ショップ平均値)^2 \,の合計 \\
=\ & 2^2 + (-3)^2 + 0^2 + 1^2 \\
& + (-2)^2 + 0^2 + (-1)^2 + 3^2 \\
& + (-1)^2 + 1^2 + (-1)^2 + 1^2 = 32
\end{aligned}
$$

　また，主効果の自由度は「ショップの数－1＝3－1＝2」，誤差の自由度は「全体の自由度－主効果の自由度」で，全体の自由度は「測定値の総数－1＝12－1＝11」なので，11－2＝9 となります。

練習 6-2c　主効果分散：28　誤差分散：3.56　検定統計量：$F = 7.88$　検定結果：主効果が有意

解説　主効果および誤差の分散は平方和をそれぞれの自由度で割って求めます。

$$
主効果分散 = \frac{主効果平方和}{主効果自由度} = \frac{56}{2} = 28
$$

$$\text{誤差分散} = \frac{\text{誤差平方和}}{\text{誤差自由度}} = \frac{32}{9} = 3.555\ldots$$

分散比 F は，主効果の分散を誤差の分散で割って求めます。

$$F = \frac{\text{主効果分散}}{\text{誤差分散}} = \frac{28}{3.555} = 7.876\ldots$$

主効果の自由度 2，誤差の自由度 9 における F の有意水準 5%の臨界値は 4.256 で，算出した F はこれより大きいので，「主効果はない」とする帰無仮説は棄却されます。

ここまでの計算結果を分散分析表の形でまとめると次のようになります。

効果	平方和	自由度	分散	F
主効果（ショップ）	56	2	28.00	7.88
誤差	32	9	3.56	

練習 6-3　検定結果：$F(3, 12) = 3.64$, $p < .05$

解説　まず，主効果と誤差の平方和を求めます。主効果の平方和は「全体の平均値と各課題の平均値の差」の 2 乗を測定値の個数分合計した値です。また，誤差の平方和は「各測定値と課題平均値の差」の 2 乗の合計です。

$$\text{主効果の平方和} = (5-7)^2 \times 4 + (6-7)^2 \times 4 + (9-7)^2 \times 4 + (8-7)^2 \times 4$$
$$= 40$$

$$\begin{aligned}
\text{誤差の平方和} = {} & (6-5)^2 + (7-5)^2 + (3-5)^2 + (4-5)^2 \\
& + (3-6)^2 + (7-6)^2 + (6-6)^2 + (8-6)^2 \\
& + (8-9)^2 + (11-9)^2 + (10-9)^2 + (7-9)^2 \\
& + (9-8)^2 + (6-8)^2 + (10-8)^2 + (7-8)^2 \\
= {} & 44
\end{aligned}$$

　次に，主効果の自由度と誤差の自由度を求めます。主効果の自由度は「課題の種類－1」，誤差の自由度は「全体の自由度－主効果の自由度」です。

$$主効果の自由度＝4-1＝3　　誤差の自由度＝(16-1)-3＝12$$

平方和と自由度から，主効果と誤差の分散を算出します。

$$主効果の分散＝\frac{主効果平方和}{主効果自由度}＝\frac{40}{3}＝13.333...$$

$$誤差の分散＝\frac{誤差平方和}{誤差自由度}＝\frac{44}{12}＝3.666...$$

最後に，2つの分散の比（F）を求めます。

$$F＝\frac{主効果分散}{誤差分散}＝\frac{13.333}{3.666}＝3.637...$$

　自由度3，12の有意水準5％のFの臨界値は3.49で，算出したFはこの値より大きいので，「4つの課題間で平均値に差はない」とする帰無仮説は棄却され，「課題間に平均値の差がある（主効果が有意）」という検定結果になります。

　ここまでの計算結果を分散分析表の形でまとめると次のようになります。

効果	平方和	自由度	分散	F
主効果（課題）	40	3	13.33	3.64
誤差	44	12	3.67	

練習 6-4　**検定結果：$F_{(3, 12)} = 1.67$, _n.s._**

解説　まず，主効果と誤差の平方和を求めます。主効果の平方和は「全体の平均値と各星座の平均値の差」の2乗を測定値の個数分合計した値です。また，誤差の平方和は「各測定値と星座平均値の差」の2乗の合計です。

$$主効果の平方和 = (21-20)^2 \times 4 + (22-20)^2 \times 4 + (18-20)^2 \times 4 + (19-20)^2 \times 4$$
$$= 40$$

$$
\begin{aligned}
誤差の平方和 =& (17-21)^2 + (21-21)^2 + (22-21)^2 + (24-21)^2 \\
&+ (22-22)^2 + (24-22)^2 + (23-22)^2 + (19-22)^2 \\
&+ (18-18)^2 + (17-18)^2 + (15-18)^2 + (22-18)^2 \\
&+ (16-19)^2 + (20-19)^2 + (23-19)^2 + (17-19)^2 \\
=& 96
\end{aligned}
$$

　次に，主効果の自由度と誤差の自由度を求めます。主効果の自由度は「星座の種類 − 1」，誤差の自由度は「全体の自由度 − 主効果の自由度」です。

$$
主効果の自由度 = 4 - 1 = 3 \quad 誤差の自由度 = (16-1) - 3 = 12
$$

平方和と自由度から，主効果と誤差の分散を算出します。

$$
主効果の分散 = \frac{主効果平方和}{主効果自由度} = \frac{40}{3} = 13.333...
$$

$$
誤差の分散 = \frac{誤差平方和}{誤差自由度} = \frac{96}{12} = 8
$$

最後に，2 つの分散の比（F）を求めます。

$$
F = \frac{主効果分散}{誤差分散} = \frac{13.333}{8} = 1.666...
$$

　自由度 3，12 の有意水準 5％ の F の臨界値は 3.49 で，算出した F はこの値より小さいので，「4 つの星座の間で平均値に差はない（主効果はない）」とする帰無仮説は棄却できません。

　ここまでの計算結果を分散分析表の形でまとめると次のようになります。

効果	平方和	自由度	分散	F
主効果（星座）	40	3	13.33	1.67
誤差	96	12	8.00	

6.2 多重比較

練習6-5a　比較の組合せ：「地域A─地域B」「地域A─地域C」「地域B─地域C」の3通り。

解説　すべての組合せをもれなくリストアップするには，次のような表を作成すると便利です。

	地域A	地域B	地域C
地域A	─	A─B	A─C
地域B		─	B─C
地域C			─

練習6-5b　各組合せの平均値の差：地域A─地域B：4，地域A─地域C：5，地域B─地域C：1。

解説　各組合せにおける平均値の差は以下の通りです。

　|地域A－地域B| = |3－7| = 4

　|地域A－地域C| = |3－8| = 5

　|地域B－地域C| = |7－8| = 1

練習6-5c　ステューデント化された範囲（q）：地域A─地域B：4.22，地域A─地域C：5.27，地域B─地域C：1.05。

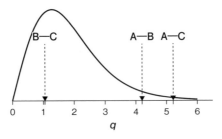

解説　各組合せにおける平均値の差の標準誤差に対する比は以下の通りです。

$$地域A─地域B = \frac{4}{0.948} = 4.219\ldots$$

$$地域A—地域C = \frac{5}{0.948} = 5.274\ldots$$

$$地域B—地域C = \frac{1}{0.948} = 1.054\ldots$$

　これらの値が，HSD 検定における検定統計量 q となります。なお，ここまでの計算手順を１つにまとめると q の計算式は次のようになり，これは t 検定と基本的に同じものであることがわかります。

$$q = \frac{|条件１の平均値 - 条件２の平均値|}{標準誤差}$$

　ただし，t 検定の場合とは標準誤差の算出方法が異なり，それによって検定全体での有意水準が5％に収まるようになっているのです。

練習 6-5d　地域 A—地域 B：有意，地域 A—地域 C：有意，地域 B—地域C：有意でない。

解説　条件の数（水準数）が3，（分散分析の）誤差の自由度が12における有意水準5％の q の臨界値は3.773で，算出した q の値がこの値より大きい（図の右側にある）場合に「差が有意」とみなします。

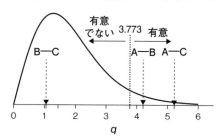

練習 6-6a　A—B：$q = 1.06$, *n.s.*（有意ではない）　A—C：$q = 4.25$, $p < .05$（有意）　B—C：$q = 5.31$, $p < .05$（有意）

解説　比較対象のショップは全部で3つですので，そこから2つずつの組合せは「A—B」「A—C」「B—C」の3つです。それぞれの組合せについて，q の値を求めます。そのために，まずは多重比較に使用する標準誤差を求めます。

$$標準誤差 = \sqrt{\frac{分散分析の誤差分散}{各条件の標本サイズ}} = \sqrt{\frac{3.555}{4}} = 0.942\ldots$$

ここから，それぞれの組合せについて q の値を求めます。

$$q_{A-B} = \frac{|4-3|}{0.942} = 1.061\ldots \qquad q_{A-C} = \frac{|4-8|}{0.942} = 4.246\ldots$$

$$q_{B-C} = \frac{|3-8|}{0.942} = 5.307\ldots$$

水準数 3，自由度 9 の有意水準 5% の q の臨界値は 3.948 で，算出した q の値がこれより大きい組合せで平均値の差が有意ということになります。

練習 6-6b ア：誤，イ：誤，ウ：正，エ：正

解説 各記述の正誤についての説明は以下の通りです。

ア．ショップ A と B の満足度の差は有意ではありませんので，「ショップ B はショップ A よりも有意に満足度が高い」という記述は誤りです。

イ．ショップ B と C の満足度の平均値には有意な差がありますので，両ショップの満足度に「有意な差はない」とする記述は誤りです。

ウ．満足度の平均値はショップ A が 4，ショップ C が 8 で，この 2 つの平均値の差は有意ですので，この記述は検定結果の通りです。

エ．多重比較の結果から，ショップ A と C，ショップ B と C の間で満足度の平均値に有意な差があるといえます。また，ショップ A，B，C それぞれの満足度の平均値は 4，3，8 なので，ショップ A，B の満足度は C に比べて低いことがわかります。

練 習 6-7a A—B：$q = 1.04$, *n.s.* A—C：$q = 4.18$, *n.s.* A—D：$q = 3.13$, *n.s.* B—C：$q = 3.13$, *n.s.* B—D：$q = 2.09$, *n.s.* C—D：$q = 1.04$, *n.s.*

解説 測定条件が全部で 4 つありますので, 多重比較の組合せは次の 6 通りです。

	課題 A	課題 B	課題 C	課題 D
課題 A	—	A—B	A—C	A—D
課題 B	—	—	B—C	B—D
課題 C	—	—	—	C—D
課題 D	—	—	—	—

また, この多重比較における標準誤差は, 分散分析の誤差の分散から次のように求まります。

$$標準誤差 = \sqrt{\frac{誤差分散}{各条件の標本サイズ}} = \sqrt{\frac{3.666}{4}} = 0.957\ldots$$

ここから, それぞれの組合せについての q の値は次のようになります。

$$q_{A-B} = \frac{|5-6|}{0.957} = 1.044 \quad q_{A-C} = \frac{|5-9|}{0.957} = 4.179$$

$$q_{A-D} = \frac{|5-8|}{0.957} = 3.134 \quad q_{B-C} = \frac{|6-9|}{0.957} = 3.134$$

$$q_{B-D} = \frac{|6-8|}{0.957} = 2.089 \quad q_{C-D} = \frac{|9-8|}{0.957} = 1.044$$

水準数 4, 自由度 12 の有意水準 5% の q の臨界値は 4.199 で, 算出した q の値はいずれも臨界値より小さくなっています。そのため, いずれの組合せにおいても差が有意とはいえません。

練習 6-7b　イ

解説 分散分析と多重比較はそれぞれ異なる分析手法のため, この例のように分散分析の結果と多重比較の結果が一致しない場合というのもあり得ます。その場合, 結果の解釈には注意が必要です。この場合, 多重比較ではいずれの組合せにおいても差が有意でなかったことから, 選択肢ウやエのように個別の課題間の差については断言できません。また, 多重比較では有意な

差はみられませんでしたが，分散分析では主効果が有意であったことから，「4つの課題で平均値が同じ」というのも言いすぎとなります。そのため，この場合の説明としては選択肢イが適当といえるでしょう。

6.3 2要因分散分析

練習 6-8a　**平方和**：64　**自由度**：1　**分散**：64

解説　平方和の算出方法は，1要因分散分析の場合と同じです。映画のジャンルごとの平均値と全体の平均値の間の差を2乗して測定値の数だけ加えます。男女の別を考えない場合，それぞれの映画には8個の測定値があるので，平方和の値は次のように求まります。

$$平方和 = (コメディの平均値 - 全体平均値)^2 \times 標本サイズ$$
$$+ (アクションの平均値 - 全体平均値)^2 \times 標本サイズ$$
$$= (12-10)^2 \times 8 + (8-10)^2 \times 8 = 64$$

自由度も1要因分散分析の場合と同じです。「比較する条件の数 - 1」がこの要因の自由度です。

$$自由度 = 比較する条件の数 - 1 = 2 - 1 = 1$$

分散も1要因分散分析の場合と同じく，平方和を対応する自由度で割って算出します。

$$分散 = \frac{平方和}{自由度} = \frac{64}{1} = 64$$

練習 6-8b　**平方和**：0　**自由度**：1　**分散**：0

解説　今度は性別ごとの平均値と全体の平均値の間の差を2乗して測定値の数だけ加えます。映画のジャンルの別を考えない場合，男女それぞれで8個の測定値があるので，平方和の値は次のように求まります。

$$平方和 = (男性の平均値 - 全体平均値)^2 \times 標本サイズ$$

$$+（女性の平均値 - 全体平均値）^2 × 標本サイズ$$
$$=（10-10）^2 × 8 +（10-10）^2 × 8 = 0$$

自由度は「比較する条件の数 - 1」です。

$$自由度 = 比較する条件の数 - 1 = 2 - 1 = 1$$

平方和が 0 なので計算するまでもありませんが，この要因の分散も平方和を対応する自由度で割って算出します。

$$分散 = \frac{平方和}{自由度} = \frac{0}{1} = 0$$

練習 6-8c　算出部分のみをまとめると次の通り。

	男		女	
コメディ	12	(2)	12	(2)
アクション	8	(−2)	8	(−2)

解説　各条件における偏差は次のようになります。

コメディ・男：2 + 0 = 2　コメディ・女：2 + 0 = 2
アクション・男：(−2) + 0 = −2　アクション・女：(−2) + 0 = −2

また，全体の平均値が 10 なので，各条件の平均値は次のようになります。

コメディ・男：10 + 2 = 12　コメディ・女：10 + 2 = 12
アクション・男 10 + (−2) = 8　アクション・女 10 + (−2) = 8

練習 6-8d　コメディ・男：−3　コメディ・女：3　アクション・男：3　アクション・女：−3

解説　各条件の偏差は次のようにして求めます。

	男				女			
	実際	−	想定	= 偏差	実際	−	想定	= 偏差
コメディ	9	−	12	= −3	15	−	12	= 3
アクション	11	−	8	= 3	5	−	8	= −3

　なお，要因A×要因Bの交互作用における偏差の値は，各条件の平均値を用いて次のように直接求めることもできます。式中のA_iは要因Aのi番目の水準を，B_jは要因Aのj番目の水準を指すものとします。

$$A_iB_j の偏差 = A_iB_j の平均値 - A_i の平均値 - B_j の平均値 + 全体の平均値$$

　この式を用いて例題データにおける交互作用の偏差を求めると次のようになります。

$$コメディ・男の偏差 = コメディ・男 - コメディ - 男 + 全体$$
$$= 9 - 12 - 10 + 10 = -3$$
$$コメディ・女の偏差 = コメディ・女 - コメディ - 女 + 全体$$
$$= 15 - 12 - 10 + 10 = 3$$
$$アクション・男の偏差 = アクション・男 - アクション - 男 + 全体$$
$$= 11 - 8 - 10 + 10 = 3$$
$$アクション・女の偏差 = アクション・女 - アクション - 女 + 全体$$
$$= 5 - 8 - 10 + 10 = -3$$

練習 6-8e　平方和：144　　自由度：1　　分散：144

解説　平方和，自由度，分散の各値は次のように求めることができます。

$$平方和 = コメディ・男性の偏差^2 × 標本サイズ$$
$$+ コメディ・女性の偏差^2 × 標本サイズ$$
$$アクション・男性の偏差^2 × 標本サイズ$$
$$+ アクション・女性の偏差^2 × 標本サイズ$$
$$= (-3)^2 × 4 + 3^2 × 4 + 3^2 × 4 + (-3)^2 × 4 = 144$$

自由度＝映画の自由度×性別の自由度＝ $1 \times 1 = 1$

$$分散 = \frac{平方和}{自由度} = \frac{144}{1} = 144$$

練習 6-8f　平方和：28　自由度：12　分散：2.33

解説　平方和，自由度，分散の各値は次のように求めることができます。

$$
\begin{aligned}
平方和 &= (測定値 - その測定条件の平均値)^2 \, の合計 \\
&= (10-9)^2 + (7-9)^2 + (8-9)^2 + (11-9)^2 \\
&\quad + (15-15)^2 + (14-15)^2 + (16-15)^2 + (15-15)^2 \\
&\quad + (12-11)^2 + (11-11)^2 + (12-11)^2 + (9-11)^2 \\
&\quad + (3-5)^2 + (7-5)^2 + (6-5)^2 + (4-5)^2 \\
&= 28
\end{aligned}
$$

自由度＝全体の自由度 - (映画の自由度＋性別の自由度＋映画×性別の自由度)
$$= (16-1) - (1+1+1) = 12$$

$$分散 = \frac{平方和}{自由度} = \frac{28}{12} = 2.333\ldots$$

練習 6-8g　映画：$F(1, 12) = 27.43$, $p < .05$（有意）　性別：$F(1, 12) = 0.00$, *n.s.*（有意ではない）　**映画×性別：$F(1, 12) = 61.72$, $p < .05$（有意）**

解説　映画の主効果，性別の主効果，そして映画×性別の交互作用の F の値は，それぞれの分散を誤差の分散で割って求めることができます。

$$映画の主効果の F = \frac{映画の分散}{誤差の分散} = \frac{64}{2.333} = 27.432\ldots$$

$$性別の主効果の F = \frac{性別の分散}{誤差の分散} = \frac{0}{2.333} = 0$$

$$映画×性別の交互作用の F = \frac{映画×性別の分散}{誤差の分散} = \frac{144}{2.333} = 61.723\ldots$$

例題データでは，映画の主効果，性別の主効果，そして映画×性別の交互作用のいずれの自由度も 1 であり，また，誤差の自由度は 12 なので，この場合の有意水準 5% の F の臨界値は 4.747 です。算出した F の値がこの臨界値より大きい場合に，その主効果・交互作用が有意と判断されます。

なお，ここまでの分析結果を分散分析表としてまとめると次のようになります。

効果	平方和	自由度	分散	F
映画	64	1	64.00	27.43
性別	0	1	0.00	0.00
映画×性別	144	1	144.00	61.72
誤差	28	12	2.33	

練習 6-8h　イ

解説　各記述の正誤についての説明は以下の通りです。

ア．分散分析の結果では，性別の主効果が有意ではありませんでした。これは男女の評価には有意な差がないということです。したがって，この記述は誤りです。

イ．分散分析の結果では，映画×性別の交互作用が有意でした。これは，映画ジャンルと性別の組合せによって評価の平均値が異なることを意味しています。ここでは交互作用の詳細について事後検定は行っていないため，はっきりとしたことはいえませんが，男性ではコメディとアクションの評価の平均値が同じくらいの値であるのに対し，女性ではコメディとアクションの好みの評価に大きな差がみられます。したがって，この記述が正解です。

ウ．分散分析の結果，映画ジャンルの主効果は有意でしたが，評価の平均値はコメディのほうが平均値が高くなっています。したがって，この記述は誤りです。

エ．分散分析の結果では，性別の主効果が有意ではありませんでした。したがって，女性のほうが評価が厳しいということはなく，この記述は誤りです。

練習 6-9a　混雑の期待値：12　ゆったりの期待値：12　混雑の偏差：−6
ゆったりの偏差：6

解説　「状況の主効果はない」ということは，混雑時とゆったり時で平均値に違いがないということです。その場合，両条件の平均値は全体の平均値と同じ値（12）になるはずです。しかし，実際の平均値は混雑時が 6，ゆったり時が 18 なので，それぞれ 6−12＝−6，18−12＝6 のずれ（偏差）があります。これが「状況の主効果」の偏差です。

練習 6-9b　カフェ A の期待値：12　カフェ B の期待値：12　カフェ A の偏差：−3　カフェ B の偏差：3

解説　「カフェの主効果はない」ということは，カフェ A とカフェ B で平均値に違いがないということです。その場合，両条件の平均値は全体の平均値と同じ値（12）になるはずです。しかし，実際の平均値はカフェ A が 9，カフェ B が 15 なので，それぞれ 9−12＝−3，15−12＝3 のずれ（偏差）があります。これが「カフェの主効果」の偏差です。

練習 6-9c　【平均値の期待値】　混雑・カフェ A：3　混雑・カフェ B：9
ゆったり・カフェ A：15　ゆったり・カフェ B：21

【偏差】　混雑・カフェ A：2　混雑・カフェ B：2　ゆったり・カフェ A：
−2　ゆったり・カフェ B：2

解説　「状況とカフェの交互作用はない」場合に期待される各測定条件の平均値（期待値）は，全体の平均値に状況の偏差とカフェの偏差を加えることで求められます。

混雑・A＝全体平均値＋（混雑の偏差＋カフェ A の偏差）
　　　＝12＋（−6＋−3）＝3
混雑・B＝全体平均値＋（混雑の偏差＋カフェ B の偏差）
　　　＝12＋（−6＋3）＝9
ゆったり・A＝全体平均値＋（ゆったりの偏差＋カフェ A の偏差）
　　　＝12＋（6＋−3）＝15

　ゆったり・B＝全体平均値＋（ゆったりの偏差＋カフェBの偏差）

　　　　　　＝12＋（6＋3）＝21

各条件の実際の平均値からこれらの期待値を引いたものが「交互作用の偏差」です。

　混雑・Aの偏差＝混雑・Aの平均値－混雑・Aの期待値＝5－3＝2

　混雑・Bの偏差＝混雑・Bの平均値－混雑・Bの期待値＝7－9＝－2

　ゆったり・Aの偏差＝ゆったり・Aの平均値－ゆったり・Aの期待値

　　　　　　　　　＝13－15＝－2

　ゆったり・Bの偏差＝ゆったり・Bの平均値－ゆったり・Bの期待値

　　　　　　　　　＝23－21＝2

練習 6-9d　　分散分析表は次の通り。

効果	平方和	自由度	分散	F
状況	720	1	720.00	53.83
カフェ	180	1	180.00	13.46
状況×カフェ	80	1	80.00	5.98
誤差	214	16	13.38	

解説　まず，状況（混雑・ゆったり）について平方和を求めます。混雑時の測定データは10人分で，期待される平均値との偏差は－6，ゆったり時のデータは10人分で偏差は6です。ここから，平方和は次のように求まります。

　平方和＝混雑の偏差²×標本サイズ＋ゆったりの偏差²×標本サイズ

　　　　＝（－6）²×10＋6²×10＝720

　同様に，カフェについて平方和を求めます。カフェAの測定データは10人分で偏差は－3，カフェBのデータも10人分で偏差は3です。ここから，平方和は次のように求まります。

　平方和＝カフェAの偏差²×標本サイズ＋カフェBの偏差²×標本サイズ

　　＝（－3）²×10＋3²×10＝180

状況×カフェの交互作用は，それぞれの測定条件における偏差を用いて次のように求めることができます。

$$平方和 = 混雑・カフェ A の偏差^2 \times 標本サイズ$$
$$+ 混雑・カフェ B の偏差^2 \times 標本サイズ$$
$$+ ゆったり・カフェ A の偏差^2 \times 標本サイズ$$
$$+ ゆったり・カフェ B の偏差^2 \times 標本サイズ$$
$$= 2^2 \times 5 + (-2)^2 \times 5 + (-2)^2 \times 5 + 2^2 \times 5 = 80$$

また，誤差の平方和は次のように求めます。

$$平方和 = (測定値 - その測定条件の平均値)^2 の合計$$
$$= (6-5)^2 + (5-5)^2 + (3-5)^2 + (4-5)^2 + (7-5)^2$$
$$+ (4-7)^2 + (6-7)^2 + (7-7)^2 + (5-7)^2 + (13-7)^2$$
$$+ (15-13)^2 + (12-13)^2 + (17-13)^2 + (15-13)^2 + (6-13)^2$$
$$+ (25-23)^2 + (22-23)^2 + (28-23)^2 + (24-23)^2 + (16-23)^2$$
$$= 214$$

次に，各主効果と交互作用，誤差の自由度を求めます。

$$自由度_{状況} = 水準数 - 1 = 2 - 1 = 1$$
$$自由度_{カフェ} = 水準数 - 1 = 2 - 1 = 1$$
$$自由度_{状況 \times カフェ} = 自由度_{状況} \times 自由度_{カフェ} = 1 \times 1 = 1$$

$$自由度_{誤差} = 自由度_{全体} - (自由度_{状況} + 自由度_{カフェ} + 自由度_{状況 \times カフェ})$$
$$= (20-1) - (1+1+1) = 16$$

続いて，各主効果と交互作用，誤差の分散を求めます。

$$分散_{状況} = \frac{平方和_{状況}}{自由度_{状況}} = \frac{720}{1} = 720$$

$$\text{分散}_{カフェ} = \frac{\text{平方和}_{カフェ}}{\text{自由度}_{カフェ}} = \frac{180}{1} = 180$$

$$\text{分散}_{状況 \times カフェ} = \frac{\text{平方和}_{状況 \times カフェ}}{\text{自由度}_{状況 \times カフェ}} = \frac{80}{1} = 80$$

$$\text{分散}_{誤差} = \frac{\text{平方和}_{誤差}}{\text{自由度}_{誤差}} = \frac{214}{16} = 13.375$$

最後に，各主効果と交互作用の F を求めます。

$$F_{状況} = \frac{\text{分散}_{状況}}{\text{分散}_{誤差}} = \frac{720}{13.375} = 53.831\ldots$$

$$F_{カフェ} = \frac{\text{分散}_{カフェ}}{\text{分散}_{誤差}} = \frac{180}{13.375} = 13.457\ldots$$

$$F_{状況 \times カフェ} = \frac{\text{分散}_{状況 \times カフェ}}{\text{分散}_{誤差}} = \frac{80}{13.375} = 5.981\ldots$$

練習 6-9e　すべて有意　**状況**：$F(1, 16) = 53.83$, $p < .05$　**カフェ**：$F(1, 16)$ $= 13.46$, $p < .05$　**状況×カフェ**：$F(1, 16) = 5.98$, $p < .05$

解説　状況の主効果，カフェの主効果，そして状況×カフェの交互作用のいずれの自由度も 1 であり，また，誤差の自由度は 16 なので，この場合の有意水準 5% の F の臨界値は 4.494 です。算出した F の値はどれもこの臨界値より大きく，有意と判断されます。

練習 6-9f　エ

解説　各記述の正誤についての説明は以下の通りです。

ア．カフェ A よりもカフェ B のほうが利用者の滞在時間が長いというのは，「カフェの主効果」についての説明です。交互作用についてのものではありません。

イ．混雑しているときよりも比較的ゆったりしているときのほうが利用者の滞在時間は長いというのは，「状況の主効果」についての説明です。交互作用についてのものではありません。

ウ．カフェ A の混雑時の滞在時間は，ゆったりした状況に比べて長いと

いうことはありません。したがって，この説明は誤りです。

エ．カフェAとBの滞在時間の差は，混雑時よりもゆったり時のほうが大きくなっています。この説明が正解です。

練習 6-10a　分散分析表は次の通り。

効果	平方和	自由度	分散	F
課題	52	2	26.00	3.21
利き手	96	1	96.00	11.84
課題×利き手	156	2	78.00	9.62
誤差	146	18	8.11	

解説　まず，課題（A・B・C）について平方和を求めます。各課題の測定データは8人分で，課題Aの平均値は18.5，課題Bの平均値は22，課題Cの平均値は19.5です。ここから，平方和は次のように求まります。

$$平方和 = (平均値_A - 全体平均値)^2 \times 標本サイズ$$
$$+ (平均値_B - 全体平均値)^2 \times 標本サイズ$$
$$+ (平均値_C - 全体平均値)^2 \times 標本サイズ$$
$$= (18.5 - 20)^2 \times 8 + (22 - 20)^2 \times 8 + (19.5 - 20)^2 \times 8 = 52$$

同様に，利き手についても平方和を求めます。右利きの人のデータは12人分で平均値は22，左利きのデータも12人分で平均値は18です。ここから，平方和は次のように求まります。

$$平方和 = (平均値_右 - 全体平均値)^2 \times 標本サイズ$$
$$+ (平均値_左 - 全体平均値)^2 \times 標本サイズ$$
$$= (22 - 20)^2 \times 12 + (18 - 20)^2 \times 12 = 96$$

課題×利き手の交互作用の偏差は，これまでの練習のように各主効果の偏差の値を用いて「交互作用がない」場合に期待される平均値を求め，そしてそれらの期待値と実際の平均値との差を求めるという手順で求めてもよいですが，各測定条件における平均値を用いて次のように直接求めることもできます。

課題 A・右利きの偏差 ＝ 課題 A・右 － 課題 A － 右 ＋ 全体

$\qquad\qquad = 17 - 18.5 - 22 + 20 = -3.5$

課題 A・左利きの偏差 ＝ 課題 A・左 － 課題 A － 左 ＋ 全体

$\qquad\qquad = 20 - 18.5 - 18 + 20 = 3.5$

課題 B・右利きの偏差 ＝ 課題 B・右 － 課題 B － 右 ＋ 全体

$\qquad\qquad = 25 - 22 - 22 + 20 = 1$

課題 B・左利きの偏差 ＝ 課題 B・左 － 課題 B － 左 ＋ 全体

$\qquad\qquad = 19 - 22 - 18 + 20 = -1$

課題 C・右利きの偏差 ＝ 課題 C・右 － 課題 C － 右 ＋ 全体

$\qquad\qquad = 24 - 19.5 - 22 + 20 = 2.5$

課題 C・左利きの偏差 ＝ 課題 C・左 － 課題 C － 左 ＋ 全体

$\qquad\qquad = 15 - 19.5 - 18 + 20 = -2.5$

　それぞれの測定条件は対象者が 4 人ずつですので，交互作用の平方和は次のようになります。

平方和 ＝ 課題 A・右利きの偏差^2×標本サイズ

$\qquad$ ＋ 課題 A・左利きの偏差^2×標本サイズ

$\qquad$ ＋ 課題 B・右利きの偏差^2×標本サイズ

$\qquad$ ＋ 課題 B・左利きの偏差^2×標本サイズ

$\qquad$ ＋ 課題 C・右利きの偏差^2×標本サイズ

$\qquad$ ＋ 課題 C・左利きの偏差^2×標本サイズ

$\quad = (-3.5)^2 \times 4 + 3.5^2 \times 4 + 1^2 \times 4 + (-1)^2 \times 4 + 2.5^2 \times 4 + (-2.5)^2 \times 4$

$\quad = 156$

また，誤差の平方和は次のように求めます。

$$平方和 = (測定値 - その測定条件の平均値)^2 \text{ の合計}$$

$$= (19-17)^2 + (15-17)^2 + (16-17)^2 + (18-17)^2$$

$$+ (21-20)^2 + (19-20)^2 + (16-20)^2 + (24-20)^2$$

$$+ (26-25)^2 + (25-25)^2 + (24-25)^2 + (25-25)^2$$

$$+ (17-19)^2 + (25-19)^2 + (21-19)^2 + (13-19)^2$$

$$+ (24-24)^2 + (22-24)^2 + (27-24)^2 + (23-24)^2$$

$$+ (17-15)^2 + (15-15)^2 + (14-15)^2 + (14-15)^2$$

$$= 146$$

次に，各主効果と交互作用，誤差の自由度を求めます。

$$自由度_{課題} = 水準数 - 1 = 3 - 1 = 2$$

$$自由度_{利き手} = 水準数 - 1 = 2 - 1 = 1$$

$$自由度_{課題 \times 利き手} = 自由度_{課題} \times 自由度_{利き手} = 2 \times 1 = 2$$

$$自由度_{誤差} = 自由度_{全体} - (自由度_{課題} + 自由度_{利き手} + 自由度_{課題 \times 利き手})$$

$$= (24-1) - (2+1+2) = 18$$

続いて，各主効果と交互作用，誤差の分散を求めます。

$$分散_{課題} = \frac{平方和_{課題}}{自由度_{課題}} = \frac{52}{2} = 26$$

$$分散_{利き手} = \frac{平方和_{利き手}}{自由度_{利き手}} = \frac{96}{1} = 96$$

$$分散_{課題 \times 利き手} = \frac{平方和_{課題 \times 利き手}}{自由度_{課題 \times 利き手}} = \frac{156}{2} = 78$$

$$分散_{誤差} = \frac{平方和_{誤差}}{自由度_{誤差}} = \frac{146}{18} = 8.111\ldots$$

最後に，各主効果と交互作用の F を求めます。

$$F_{課題} = \frac{分散_{課題}}{分散_{誤差}} = \frac{26}{8.111} = 3.205\ldots$$

$$F_{利き手} = \frac{分散_{利き手}}{分散_{誤差}} = \frac{96}{8.111} = 11.835\ldots$$

$$F_{課題×利き手} = \frac{分散_{課題×利き手}}{分散_{誤差}} = \frac{78}{8.111} = 9.616\ldots$$

練習 6-10b　課題の主効果は有意でなく，利き手の主効果，課題×利き手の交互作用は有意。**課題**：$F(2, 18) = 3.21$, *n.s.*　**利き手**：$F(1, 18) = 11.84$, $p < .05$　**課題×利き手**：$F(2, 18) = 9.62$, $p < .05$

解説　課題の主効果と状況×カフェの交互作用は自由度 2，誤差の自由度が 18 なので，この場合の有意水準 5%の F の臨界値は 3.555 です。課題の主効果については算出した F の値がこの臨界値を下回っているので，「課題による主効果がない」という帰無仮説を棄却することはできません。状況×カフェの交互作用については，F が臨界値より大きいので「交互作用はない」という帰無仮説は棄却されます（交互作用が有意）。

　また，利き手の主効果の自由度は 1，誤差の自由度は 18 で，この場合の有意水準 5%の F の臨界値は 4.414 です。算出した F の値は臨界値より大きいので，「利き手による主効果がない」という帰無仮説は棄却されます（利き手の主効果が有意）。

練習 6-10c　ア

解説　各記述の正誤についての説明は以下の通りです。

　ア．右利きの人は課題 A が 17 点に対して課題 B と C は 25 点と 24 点で，課題 B，C の成績が良くなっています。これに対し，左利きの人は課題 A が 20 点，課題 B が 19 点，課題 C が 15 点であり，課題 C の成績が他の 2 つに比べてやや低くなっています。このような結果の特徴と，選択肢アの記述は一致しています。

　イ．3 つの課題の成績は，むしろ右利きの人のほうが課題間で得点が大きく異なっており，左利きの人は右利きの人ほど差が大きくありません。

したがって，この説明は適切ではありません。

ウ．左利きの人で課題成績を平均値の高い順に並べると課題 A（20 点），課題 B（19 点），課題 C（15 点）となります。右利きの人では平均値が高い順に課題 B（25 点），課題 C（24 点），課題 A（17 点）となり，左利きの場合と逆になっているというわけではありません。

エ．交互作用が有意であるということは，利き手と課題の種類の組合せによって平均値に差があるということです。ですから，この説明は適切ではありません。

オ．課題 A では右利きと左利きの平均値の差（の絶対値）は 3，課題 C では 9 で，課題 C のほうが右利きと左利きの差が大きいようにみえます。ですから，この説明も適切とはいえません。

第7章　度数・比率の検定

7.1　適合度検定

練習 7-1a　エ

解説　この場合の帰無仮説は，「期待度数と観測度数の比率が同じ（期待度数と観測度数の比率に違いはない）」です。そのため，選択肢エが正解です。

練習 7-1b　各血液型において期待される人数は以下の通り。

血液型	A	B	O	AB
期待度数	40	20	30	10

解説　帰無仮説が正しい場合，つまり 100 人を対象とした調査で血液型の比率が A 型 40％：B 型 20％：O 型 30％：AB 型 10％になる場合というのは，調査人数にそれぞれの比率を掛け合わせることで求めることができます。つまり，A 型は 100 人×0.4（40％）＝40，B 型は 100 人×0.2（20％）＝20 です。O 型と AB 型の人数も同様にして算出します。

練習 7-1c　各血液型における期待度数と観測度数の差は次の通り。

血液型		A	B	O	AB
観測度数－期待度数		−5	0	3	2

解説　とくに説明は必要ないでしょう。なお、観測度数から期待度数を引いても、期待度数から観測度数を引いても、最終的な検定結果は同じになるのですが、ここでは期待度数を「基準」として考えますので、「平均値からの偏差」を求める場合と同様に、観測度数から期待度数を引いて差を求めたほうが、差の解釈が容易になります。

練習 7-1d　検定統計量：$\chi^2 = 1.33$

解説　すべてのカテゴリについて、観測度数と期待度数の差の2乗を期待度数で割って合計すると次のようになります。

$$\chi^2 = \frac{(-5)^2}{40} + \frac{0^2}{20} + \frac{3^2}{30} + \frac{2^2}{10} = 1.325$$

練習 7-1e　検定結果：有意ではない（$\chi^2(3) = 1.33$, *n.s.*）

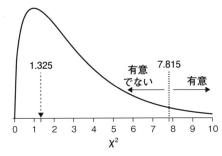

解説　自由度「カテゴリの数 $-1 = 3$」の χ^2 分布における有意確率5%の臨界値は7.815で、算出した χ^2 の値は1.33ですから、「期待度数と観測度数で比率が同じ」とする帰無仮説を棄却することはできません。したがって、期待される比率と実際の測定値における比率には有意な差はないという結果になります。

練習 7-2a　ア

解説　この場合の帰無仮説は、「隠し場所に位置の偏りがない（コインが隠される確率はすべてのコップで同じ）」ですので、どのコップも 1/3 ずつであるとするアが正解です。

練習 7-2b　帰無仮説が正しいと仮定した場合の期待度数は次の通り。

隠したコップ	左	中央	右
期待度数	30	30	30

解説　帰無仮説（「コインが隠されている確率はすべてのコップで1/3で同じ」）が正しいと仮定した場合，90人がコインを隠すコップはそれぞれ90の1/3ずつで30になるはずです。

練習7-2c　検定結果： $\chi^2(2) = 18.20$, $p < .05$ （比率の差が有意）[*2]

解説　観測度数と期待度数の差から，この場合のχ^2の値は次のように求まります。

$$\chi^2 = \frac{(観測度数-期待度数)^2}{期待度数} \text{の合計}$$

$$= \frac{(49-30)^2}{30} + \frac{(19-30)^2}{30} + \frac{(22-30)^2}{30} = 18.2$$

　また，この場合の自由度はカテゴリ数$-1 = 3-1 = 2$で，自由度2における有意水準5%のχ^2の臨界値は5.991です。算出したχ^2の値はこれより大きいので，「コインの隠し場所に位置の偏りがない」とする帰無仮説は棄却されます。つまり，コップの位置によって隠される比率が有意に異なるということです。

　なお，この場合，どのコップで偏りが多いのかを確かめるには，事後検定が必要になります。この場合の事後検定にはいくつかの方法が考えられますが，その一つとして各コップと「それ以外」の比が「1/3：2/3」と異なっているかどうかを，再びχ^2による適合度検定で確かめるという方法があります。ただし，その場合には検定を複数回繰り返すことになるので，ボンフェローニ法などを用いて有意水準を調整したほうがよいでしょう。

　たとえば，中央のコップが期待度数と異なるかどうかを確かめるには，中央のコップの度数（19）とそれ以外（左右のコップの合計$49+22=71$）を観測度数とし，期待度数を$(90\times1/3)：(90\times2/3) = 30：60$として適合度検

[*2]　最近では，「$\chi^2(2, N=90) = 18.20$, $p < .05$」のように，自由度と標本サイズを並べて示す書き方も増えています。

定を行います。この場合，χ^2 の値は次のようになります。

$$\chi^2 = \frac{(19-30)^2}{30} + \frac{(71-60)^2}{60} = 6.05$$

ボンフェローニ法による調整では，本来の有意水準 5% を検定の回数で割った値を有意水準として用います。この場合，3 つのコップそれぞれで事後検定を行うのであれば，検定の回数は 3 回となりますので，0.05/3 = 0.016... で，有意水準は 1.6% となります。本書の巻末の表には有意水準 1.6% における臨界値は示されていませんのでこれ以上はここでは触れませんが，統計ソフトや表計算ソフトの統計関数を用いれば，この場合の χ^2 の有意確率 p を算出したり，有意水準 1.6% における臨界値を求めたりすることが可能です。

練習 7-3 　検定結果：$\chi^2(4) = 7.30$, *n.s.*（有意ではない）

解説 　この場合の帰無仮説は「5 つの選択肢で正答の比率は同じ（正答の比率に差はない）」ですので，この帰無仮説通りであれば，試験問題 100 問中，選択肢ア〜選択肢オの正答数はそれぞれ 20 問ずつになるはずです。これが期待度数です。そして，この期待度数と実測値（観察度数）の差から，検定統計量 χ^2 は次のように求まります。

$$\chi^2 = \frac{(10-20)^2}{20} + \frac{(22-20)^2}{20} + \frac{(25-20)^2}{20} + \frac{(24-20)^2}{20} + \frac{(19-20)^2}{20} = 7.3$$

自由度 5−1＝4 の χ^2 分布における有意水準 5% の臨界値は 9.488 で，算出した値はこれより小さいので「5 つの選択肢で正答の比率は同じ」という帰無仮説を棄却することができません。したがって，5 つの選択肢で正答の比率に有意な差はないというのが検定結果です。

7.2 　独立性検定

練習 7-4a 　帰無仮説が正しい場合に考えられる各セルの度数は次の通り。

	丸餅	角餅	計
関東	32	28	60
関西	32	28	60
計	64	56	120

解説　対象者 120 人のうち関東出身者と関西出身者がそれぞれ 60 人ずつの場合，出身地と餅の好みに関連がないのであれば，丸餅派の合計が 64 人のうち，関東出身者と関西出身者の比率は全体と同じになるはずです。同様にして，角餅派の 56 人の比率も関東出身者と関西出身者の比率が全体と同じになります。同様にして，関東出身者と関西出身者で，丸餅と角餅を好む人の比率も全体と同じ（64：56）になるはずです。ここから，それぞれの人数は次のようにして求めることができます。

$$関東・丸餅の人数 = 関東出身者の数 \times \frac{丸餅の人数}{全体の人数} = 60 \times \frac{64}{120} = 32$$

$$関東・角餅の人数 = 関東出身者の数 \times \frac{角餅の人数}{全体の人数} = 60 \times \frac{56}{120} = 28$$

$$関西・丸餅の人数 = 関西出身者の数 \times \frac{丸餅の人数}{全体の人数} = 60 \times \frac{64}{120} = 32$$

$$関西・角餅の人数 = 関西出身者の数 \times \frac{角餅の人数}{全体の人数} = 60 \times \frac{56}{120} = 28$$

練習 7-4b　**検定統計量：$\chi^2 = 53.57$**

解説　χ^2 の値は次のように算出できます。

観測度数

	丸餅	角餅	計
関東	12	48	60
関西	52	8	60
計	64	56	120

期待度数

	丸餅	角餅	計
関東	32	28	60
関西	32	28	60
計	64	56	120

$$\chi^2 = \frac{(観測度数 - 期待度数)^2}{期待度数} \text{ の合計}$$

$$= \frac{(12-32)^2}{32} + \frac{(48-28)^2}{28} + \frac{(52-32)^2}{32} + \frac{(8-28)^2}{28} = 53.571\ldots$$

練習 7-4c　検定結果：有意

解説　自由度 = (行数 − 1) × (列数 − 1) = (2 − 1) × (2 − 1) = 1 における χ^2 の有意水準 5 % の臨界値は 3.841 です。算出した値（53.571）はこの臨界値より大きいので，検定結果は有意です。

練習 7-4d　エ

解説　少しややこしいですが，独立性検定では「行の要因（出身）と列の要因（餅の種類）は独立である」というのが帰無仮説ですので，この帰無仮説が棄却されたということは，つまりこの 2 つの要因は「独立でない（関連がある）」ということになります。なお，選択肢アは 2 つの要因で関連があると説明していますが，「関連がある」というのは「独立でない」ということであり，この説明は適切です。また，選択肢イは出身地によって餅の好みが異なることを，選択肢ウは餅の好みが出身地によって異なることを述べています。つまり出身地と餅の好みに関連があることについて述べており，そして観測度数と適合した内容になっているので，これらも正しい説明です。したがって，最後の選択肢エが誤りです。

練習 7-5a　検定結果：$\chi^2(1) = 4.50$, $p < .05$（有意）

解説　この場合の帰無仮説は「合格率と性別は独立である（関連がない）」ですので，その場合に考えられる度数（期待度数）を算出します。合格率と性別に関連がないのであれば，合格者と不合格者のそれぞれにおける男女比は全体（90：60）と同じになり，男女の合格率も全体（100：50）と同じになるはずです。つまり，この場合の期待度数は次のようになります。

$$\text{男・合格の人数} = \text{男性の人数} \times \frac{\text{合格者の人数}}{\text{全体の人数}} = 90 \times \frac{100}{150} = 60$$

$$\text{男・不合格の人数} = \text{男性の人数} \times \frac{\text{不合格者の人数}}{\text{全体の人数}} = 90 \times \frac{50}{150} = 30$$

$$女・合格の人数 = 女性の人数 \times \frac{合格者の人数}{全体の人数} = 60 \times \frac{100}{150} = 40$$

$$女・不合格の人数 = 女性の人数 \times \frac{不合格者の人数}{全体の人数} = 60 \times \frac{50}{150} = 20$$

観測度数

	合格	不合格	計
男	54	36	90
女	46	14	60
計	100	50	150

期待度数

	合格	不合格	計
男	60	30	90
女	40	20	60
計	100	50	150

$$\chi^2 = \frac{(観測度数 - 期待度数)^2}{期待度数} \text{の合計}$$

$$= \frac{(54-60)^2}{60} + \frac{(36-30)^2}{30} + \frac{(46-40)^2}{40} + \frac{(14-20)^2}{20} = 4.5$$

この場合の自由度は，（行数 − 1）×（行数 − 1）= 1 です。自由度 1 における有意水準 5 % の χ^2 の臨界値は 3.841 で，算出した χ^2 の値はこれより大きいので帰無仮説は棄却されます。

練習 7-5b　イ

解説　検定の結果が有意であったということは，「性別と合否が独立でない」ということであり，それはつまり「性別と合否に関連がある（性別によって合否率に違いがある）」ということです。

ア．確かに男性のほうが合格者の「人数」は多いのですが，対象者全体で男性は女性の 1.5 倍の人数がいますので，単純に人数だけを比較しても意味がありません。実際，合格/不合格の比率でみると，女性は合格者が不合格者の約 3.29 倍，男性では 1.50 倍で，比率では男性よりも女性のほうが高くなっています。検定結果が有意であったのは，このような「男女の合格率の違い」が反映されているのです。したがって，この説明は誤りです。

イ．性別によって合格率が異なるというのは検定結果の通りです。

ウ．合格率は男女で有意に異なっていますので，この説明は誤りです。

エ．女性で不合格者より合格者のほうが多いというのはその通りですが，
　　合格者のほうが不合格者より多いのは男性も同様です。したがって，
　　この文も結果を適切に説明しているとはいえません。

練習7-6a　検定結果：$\chi^2(2)=6.62$, $p<.05$（有意）

解説　この場合の帰無仮説は「生育環境と海好き・山好きは独立である
（関連がない）」ですので，その場合に考えられる度数（期待度数）を算出し
ます。生育環境と海好き・山好きに関連がないのであれば，各生育環境の回
答者における海好き・山好きの比は全体と同じになり，海好き・山好きのそ
れぞれで生育環境の比率は全体（80：70）と同じになるはずです。ここから，
この場合の期待度数は次のようになります。

$$山沿い・海好きの人数 = 山沿い \times \frac{海好きの人数}{全体の人数} = 45 \times \frac{80}{150} = 24$$

$$山沿い・山好きの人数 = 山沿い \times \frac{山好きの人数}{全体の人数} = 45 \times \frac{70}{150} = 21$$

$$海沿い・海好きの人数 = 海沿い \times \frac{海好きの人数}{全体の人数} = 30 \times \frac{80}{150} = 16$$

$$海沿い・山好きの人数 = 海沿い \times \frac{山好きの人数}{全体の人数} = 30 \times \frac{70}{150} = 14$$

$$都市部・海好きの人数 = 都市部 \times \frac{海好きの人数}{全体の人数} = 75 \times \frac{80}{150} = 40$$

$$都市部・山好きの人数 = 都市部 \times \frac{山好きの人数}{全体の人数} = 75 \times \frac{70}{150} = 35$$

観測度数

	海	山	計
山沿い	18	27	45
海沿い	21	9	30
都市部	41	34	75
計	80	70	150

期待度数

	海	山	計
山沿い	24	21	45
海沿い	16	14	30
都市部	40	35	75
計	80	70	150

$$\chi^2 = \frac{(観測度数-期待度数)^2}{期待度数} \text{の合計}$$

$$= \frac{(18-24)^2}{24} + \frac{(27-21)^2}{21} + \frac{(21-16)^2}{16} + \frac{(9-14)^2}{14} + \frac{(41-40)^2}{40} + \frac{(34-35)^2}{35}$$

$$= 6.616\dots$$

この場合の自由度は，（行数−1）×（行数−1）＝2 です。自由度 2 における有意水準 5％の χ^2 の臨界値は 5.991 で，算出した χ^2 の値はこれより大きいので帰無仮説は棄却されます。

練習 7-6b　ウ

解説　検定の結果が有意であったということは，「生育環境と海好き・山好きが独立でない」ということであり，それはつまり「生育環境と海好き・山好きに関連がある（生育環境によって海好き・山好きの比率に違いがある）」ということです。

　ア．独立性検定の結果が有意であったことから，生育環境によらず海好き・山好きの比率に違いがないとする説明は誤りです。

　イ．都市部で生まれ育った人で海や山に対する関心が低いかどうかは，この分析からはわかりません。

　ウ．検定結果が適切に説明されています。

　エ．海が好きと答えた人も，山が好きと答えた人も，回答者に占める比率でいえば都市部で生まれ育った人がもっとも多く，この説明は適切ではありません。

　なお，この分析結果からは，生育環境によって海好き・山好きの比率に違いがあるということはいえても，具体的にどのような違いがあるのかまではわかりません。それを明らかにするには，残差分析などの事後検定が必要になります。

練習 7-7　検定結果：$\chi^2(6) = 12.27$, *n.s.*（有意ではない）

解説　これまでの演習問題に比べて表のサイズが大きくなっていますが，

計算方法自体はこれまでと同じです。この検定における帰無仮説は「外国語クラスと成績評価は独立である（互いに関連がない）」で，この帰無仮説が正しい場合に期待される各セルの度数（期待度数）をクロス表の行の合計と別の合計，そして全体の合計から求めます。

$$\text{ドイツ語・優} = \text{ドイツ語} \times \frac{\text{優の人数}}{\text{全体の人数}} = 70 \times \frac{24}{240} = 7$$

$$\text{ドイツ語・良} = \text{ドイツ語} \times \frac{\text{良の人数}}{\text{全体の人数}} = 70 \times \frac{120}{240} = 35$$

$$\text{ドイツ語・可} = \text{ドイツ語} \times \frac{\text{可の人数}}{\text{全体の人数}} = 70 \times \frac{72}{240} = 21$$

$$\text{ドイツ語・不可} = \text{ドイツ語} \times \frac{\text{不可の人数}}{\text{全体の人数}} = 70 \times \frac{24}{240} = 7$$

$$\text{フランス語・優} = \text{フランス語} \times \frac{\text{優の人数}}{\text{全体の人数}} = 105 \times \frac{24}{240} = 10.5$$

$$\text{フランス語・良} = \text{フランス語} \times \frac{\text{良の人数}}{\text{全体の人数}} = 105 \times \frac{120}{240} = 52.5$$

$$\text{フランス語・可} = \text{フランス語} \times \frac{\text{可の人数}}{\text{全体の人数}} = 105 \times \frac{72}{240} = 31.5$$

$$\text{フランス語・不可} = \text{フランス語} \times \frac{\text{不可の人数}}{\text{全体の人数}} = 105 \times \frac{24}{240} = 10.5$$

$$\text{スペイン語・優} = \text{スペイン語} \times \frac{\text{優の人数}}{\text{全体の人数}} = 65 \times \frac{24}{240} = 6.5$$

$$\text{スペイン語・良} = \text{スペイン語} \times \frac{\text{良の人数}}{\text{全体の人数}} = 65 \times \frac{120}{240} = 32.5$$

$$\text{スペイン語・可} = \text{スペイン語} \times \frac{\text{可の人数}}{\text{全体の人数}} = 65 \times \frac{72}{240} = 19.5$$

$$\text{スペイン語・不可} = \text{スペイン語} \times \frac{\text{不可の人数}}{\text{全体の人数}} = 65 \times \frac{24}{240} = 6.5$$

　各セルの観測度数と期待度数の差を求め，それらを 2 乗して期待度数で割ったものを合計し，χ^2 を算出します。

$$\chi^2 = \frac{(\text{観測度数} - \text{期待度数})^2 \text{の合計}}{\text{期待度数}} \text{の合計}$$

$$= \frac{(9-7)^2}{7} + \frac{(36-35)^2}{35} + \frac{(24-21)^2}{21} + \frac{(1-7)^2}{7}$$

$$+ \frac{(8-10.5)^2}{10.5} + \frac{(48-52.5)^2}{52.5} + \frac{(32-31.5)^2}{31.5} + \frac{(17-10.5)^2}{10.5}$$

$$+ \frac{(7-6.5)^2}{6.5} + \frac{(36-32.5)^2}{32.5} + \frac{(16-19.5)^2}{19.5} + \frac{(6-6.5)^2}{6.5}$$

$$= 12.266\ldots$$

　この場合の自由度は，（行数 − 1）×（行数 − 1）= 6 です。自由度 6 における有意水準 5 % の χ^2 の臨界値は 12.592 で，算出した χ^2 の値はこれより小さいので「外国語クラスと成績評価は独立である」とする帰無仮説は棄却されません。したがって，「成績評価の分布にクラスによる違いがあるとはいえない」というのが検定結果になります。

7.3　残差分析

練習 7-8a　各セルの残差は次の通り。

	海	山
山沿い	−6	6
海沿い	5	−5
都市部	1	−1

解説　各セルの残差は，そのセルの観測度数から期待度数を引くことによって求められます。

練習 7-8b　各セルの標準化残差は次の通り。

	海	山
山沿い	−1.224	1.309
海沿い	1.250	−1.336
都市部	0.158	−0.169

(解説)　標準化残差は，各セルの残差の値を期待度数の平方根で割った値です。

	海	山
山沿い	$\dfrac{-6}{\sqrt{24}}=-1.224$	$\dfrac{6}{\sqrt{21}}=1.309$
海沿い	$\dfrac{5}{\sqrt{16}}=1.250$	$\dfrac{-5}{\sqrt{14}}=-1.336$
都市部	$\dfrac{1}{\sqrt{40}}=0.158$	$\dfrac{-1}{\sqrt{35}}=-0.169$

練習 7-8c　各セルの残差分散は次の通り。

	海	山
山沿い	0.326	0.373
海沿い	0.373	0.426
都市部	0.233	0.266

(解説)　各セルの残差分散の算出式は次の通りです。

	海	山
山沿い	$\left(1-\dfrac{45}{150}\right)\times\left(1-\dfrac{80}{150}\right)=0.326$	$\left(1-\dfrac{45}{150}\right)\times\left(1-\dfrac{70}{150}\right)=0.373$
海沿い	$\left(1-\dfrac{30}{150}\right)\times\left(1-\dfrac{80}{150}\right)=0.373$	$\left(1-\dfrac{30}{150}\right)\times\left(1-\dfrac{70}{150}\right)=0.426$
都市部	$\left(1-\dfrac{75}{150}\right)\times\left(1-\dfrac{80}{150}\right)=0.233$	$\left(1-\dfrac{75}{150}\right)\times\left(1-\dfrac{70}{150}\right)=0.266$

練習 7-8d　各セルの調整済み標準化残差は次の通り。

	海	山
山沿い	−2.143	2.143
海沿い	2.046	−2.046
都市部	0.327	−0.327

解説　各セルの調整済み標準化残差の算出式は次の通りです。

	海	山
山沿い	$\dfrac{-1.224}{\sqrt{0.326}}=-2.143$	$\dfrac{1.309}{\sqrt{0.373}}=2.143$
海沿い	$\dfrac{1.25}{\sqrt{0.373}}=2.046$	$\dfrac{-1.336}{\sqrt{0.426}}=-2.046$
都市部	$\dfrac{0.158}{\sqrt{0.233}}=0.327$	$\dfrac{-0.169}{\sqrt{0.266}}=-0.327$

練習 7-8e　各セルの残差についての検定結果は次の通り。

	海	山
山沿い	有意	有意
海沿い	有意	有意
都市部	有意でない	有意でない

解説　z の両側 5% の臨界値は 1.960 で，調整済み標準化残差の絶対値がこれより大きい場合に残差が有意と判断されます。ここまでの分析結果をまとめると，生育環境と海好き・山好きに関しては，山沿いで生まれ育った人は山が好きだと答えた率が期待度数に比べて有意に高く，海沿いで生まれ育った人は海が好きだと答えた率が有意に高いといえます。また，都市部で育った人の場合には，期待度数からの有意なずれはありません。

　なお，ここでは段階的に調整済み標準化残差の算出を行ったため，標準化残差を残差分散の平方根で割るという形で値を求めましたが，調整済み標準化残差は次のようにして算出すれば丸め誤差を最小限に抑えることができます。

$$残差分散 = \left(1-\frac{行合計}{総合計}\right) \times \left(1-\frac{列合計}{総合計}\right)$$

$$調整済み標準化残差 = \frac{観測度数-期待度数}{\sqrt{期待度数 \times 残差分散}}$$

練習 7-9a　検定結果： $\chi^2(2) = 21.29,\ p < .05$ （性別とレベルの関連が有意）

解説　ここでは，性別とレベルは独立（無関係）であるとする帰無仮説を用いて検定を行います。その場合の各セルの期待度数は次の通りです。

$$男・上級 = 男性の人数 \times \frac{上級者の人数}{全体の人数} = 115 \times \frac{60}{240} = 28.75$$

$$男・中級 = 男性の人数 \times \frac{中級者の人数}{全体の人数} = 115 \times \frac{120}{240} = 57.5$$

$$男・初級 = 男性の人数 \times \frac{初級者の人数}{全体の人数} = 115 \times \frac{60}{240} = 28.75$$

$$女・上級 = 女性の人数 \times \frac{上級者の人数}{全体の人数} = 125 \times \frac{60}{240} = 31.25$$

$$女・中級 = 女性の人数 \times \frac{中級者の人数}{全体の人数} = 125 \times \frac{120}{240} = 62.5$$

$$女・初級 = 女性の人数 \times \frac{初級者の人数}{全体の人数} = 125 \times \frac{60}{240} = 31.25$$

ここから，χ^2 は次のように求まります。

$$\chi^2 = \frac{(観測度数 - 期待度数)^2}{期待度数} \ \text{の合計}$$

$$= \frac{(15-28.75)^2}{28.75} + \frac{(60-57.5)^2}{57.5} + \frac{(40-28.75)^2}{28.75}$$

$$+ \frac{(45-31.25)^2}{31.25} + \frac{(60-62.5)^2}{62.5} + \frac{(20-31.25)^2}{31.25}$$

$$= 21.286\ldots$$

また，この場合の自由度は，（行数 − 1）×（列数 − 1）= (2 − 1) × (3 − 1) = 2 です。

自由度 2 における有意水準 5% の χ^2 の臨界値は 5.991 で，算出した χ^2 の値はこれより大きいので帰無仮説は棄却されます。したがって，性別とレベ

ルは独立でない（性別とレベルには関連がある）が結論となります。

練習 7-9b　各セルの残差についての有意性検定の結果は次の通り。

	上級	中級	初級
男	-4.11^{*}	0.65	3.36^{*}
女	4.10^{*}	-0.65	-3.36^{*}

解説　まず，各セルについて次の式で残差分散を求めます。

$$残差分散 = \left(1 - \frac{行合計}{総合計}\right) \times \left(1 - \frac{列合計}{総合計}\right)$$

$$男・上級 = \left(1 - \frac{115}{240}\right) \times \left(1 - \frac{60}{240}\right) = 0.390\ldots$$

$$男・中級 = \left(1 - \frac{115}{240}\right) \times \left(1 - \frac{120}{240}\right) = 0.260\ldots$$

$$男・初級 = \left(1 - \frac{115}{240}\right) \times \left(1 - \frac{60}{240}\right) = 0.390\ldots$$

$$女・上級 = \left(1 - \frac{125}{240}\right) \times \left(1 - \frac{60}{240}\right) = 0.359\ldots$$

$$女・中級 = \left(1 - \frac{125}{240}\right) \times \left(1 - \frac{120}{240}\right) = 0.239\ldots$$

$$女・初級 = \left(1 - \frac{125}{240}\right) \times \left(1 - \frac{60}{240}\right) = 0.359\ldots$$

この値を用いて，調整済み標準化残差を求めます。

$$調整済み標準化残差 = \frac{観測度数 - 期待度数}{\sqrt{期待度数 \times 残差分散}}$$

$$ 男・上級 = \frac{15-28.75}{\sqrt{28.75 \times 0.390}} = -4.106\ldots $$

$$ 男・中級 = \frac{60-57.5}{\sqrt{57.5 \times 0.260}} = 0.646\ldots $$

$$ 男・初級 = \frac{40-28.75}{\sqrt{28.75 \times 0.390}} = 3.359\ldots $$

$$ 女・上級 = \frac{45-31.25}{\sqrt{31.25 \times 0.359}} = 4.105\ldots $$

$$ 女・中級 = \frac{60-62.5}{\sqrt{62.5 \times 0.239}} = -0.646\ldots $$

$$ 女・初級 = \frac{20-31.25}{\sqrt{31.25 \times 0.359}} = -3.358\ldots $$

　この算出した調整済み標準化残差の絶対値が 1.960 より大きい場合に残差が有意（残差が 0 ない）と判断されます。

練習 7-9c　イ

解説　選択肢イは上級者における男女の人数の違いに関する説明になっていますが，残差分析は男女の人数に違いがあるかどうかを検定しているわけではありません。残差分析では，「残差が 0 であるかどうか」の検定を行っています。したがって，残差分析の結果が有意であるということは，「残差が 0 であるとはいえない」ということであり，あくまでも「観測度数が期待度数とは有意に異なる」ということを示すものでしかありません。その点には注意が必要です。

練習 7-10a　検定結果： $\chi^2(4) = 14.81$, $p < .05$（性格タイプと行動の関連が有意）

解説　ここでは，性格タイプと行動は独立（無関係）であるとする帰無仮説を用いて検定を行います。その場合の各セルの期待度数は次の通りです。

$$ タイプA・攻撃 = タイプAの人数 \times \frac{攻撃の人数}{全体の人数} = 120 \times \frac{120}{300} = 48 $$

$$\text{タイプA・防御} = \text{タイプAの人数} \times \frac{\text{防御の人数}}{\text{全体の人数}} = 120 \times \frac{90}{300} = 36$$

$$\text{タイプA・逃走} = \text{タイプAの人数} \times \frac{\text{逃走の人数}}{\text{全体の人数}} = 120 \times \frac{90}{300} = 36$$

$$\text{タイプB・攻撃} = \text{タイプBの人数} \times \frac{\text{攻撃の人数}}{\text{全体の人数}} = 100 \times \frac{120}{300} = 40$$

$$\text{タイプB・防御} = \text{タイプBの人数} \times \frac{\text{防御の人数}}{\text{全体の人数}} = 100 \times \frac{90}{300} = 30$$

$$\text{タイプB・逃走} = \text{タイプBの人数} \times \frac{\text{逃走の人数}}{\text{全体の人数}} = 100 \times \frac{90}{300} = 30$$

$$\text{タイプC・攻撃} = \text{タイプCの人数} \times \frac{\text{攻撃の人数}}{\text{全体の人数}} = 80 \times \frac{120}{300} = 32$$

$$\text{タイプC・防御} = \text{タイプCの人数} \times \frac{\text{防御の人数}}{\text{全体の人数}} = 80 \times \frac{90}{300} = 24$$

$$\text{タイプC・逃走} = \text{タイプCの人数} \times \frac{\text{逃走の人数}}{\text{全体の人数}} = 80 \times \frac{90}{300} = 24$$

ここから，χ^2 は次のように求まります。

$$\chi^2 = \frac{(\text{観測度数} - \text{期待度数})^2}{\text{期待度数}} \text{ の合計}$$

$$= \frac{(52-48)^2}{48} + \frac{(42-36)^2}{36} + \frac{(26-36)^2}{36}$$

$$+ \frac{(35-40)^2}{40} + \frac{(35-30)^2}{30} + \frac{(30-30)^2}{30}$$

$$+ \frac{(33-32)^2}{32} + \frac{(13-24)^2}{24} + \frac{(34-24)^2}{24}$$

$$= 14.809\ldots$$

また，この場合の自由度は，$(\text{行数} - 1) \times (\text{列数} - 1) = (3-1) \times (3-1) = 4$

です。

　自由度4における有意水準5%のχ^2の臨界値は9.488で，算出したχ^2の値はこれより大きいので帰無仮説は棄却されます。したがって，性格タイプと行動は独立でない（性格タイプと行動には関連がある）が結論となります。

練習7-10b　各セルの残差についての有意性検定の結果は次の通り。

	攻撃	防御	逃走
タイプ A	0.96	1.54	−2.57*
タイプ B	−1.25	1.34	0.00
タイプ C	0.27	−3.13*	2.85*

解説　まず，各セルについて次の式で残差分散を求めます。

$$残差分散 = \left(1 - \frac{行合計}{総合計}\right) \times \left(1 - \frac{列合計}{総合計}\right)$$

$$タイプA・攻撃 = \left(1 - \frac{120}{300}\right) \times \left(1 - \frac{120}{300}\right) = 0.36$$

$$タイプA・防御 = \left(1 - \frac{120}{300}\right) \times \left(1 - \frac{90}{300}\right) = 0.42$$

$$タイプA・逃走 = \left(1 - \frac{120}{300}\right) \times \left(1 - \frac{90}{300}\right) = 0.42$$

$$タイプB・攻撃 = \left(1 - \frac{100}{300}\right) \times \left(1 - \frac{120}{300}\right) = 0.4$$

$$タイプB・防御 = \left(1 - \frac{100}{300}\right) \times \left(1 - \frac{90}{300}\right) = 0.466\ldots$$

$$タイプB・逃走 = \left(1 - \frac{100}{300}\right) \times \left(1 - \frac{90}{300}\right) = 0.466\ldots$$

$$\text{タイプC・攻撃} = \left(1 - \frac{80}{300}\right) \times \left(1 - \frac{120}{300}\right) = 0.44$$

$$\text{タイプC・防御} = \left(1 - \frac{80}{300}\right) \times \left(1 - \frac{90}{300}\right) = 0.513\ldots$$

$$\text{タイプC・逃走} = \left(1 - \frac{80}{300}\right) \times \left(1 - \frac{90}{300}\right) = 0.513\ldots$$

この値を用いて，調整済み標準化残差を求めます。

$$\text{調整済み標準化残差} = \frac{\text{観測度数} - \text{期待度数}}{\sqrt{\text{期待度数} \times \text{残差分散}}}$$

$$\text{タイプA・攻撃} = \frac{52 - 48}{\sqrt{48 \times 0.36}} = 0.962\ldots$$

$$\text{タイプA・防御} = \frac{42 - 36}{\sqrt{36 \times 0.42}} = 1.543\ldots$$

$$\text{タイプA・逃走} = \frac{26 - 36}{\sqrt{36 \times 0.42}} = -2.571\ldots$$

$$\text{タイプB・攻撃} = \frac{35 - 40}{\sqrt{40 \times 0.4}} = -1.25$$

$$\text{タイプB・防御} = \frac{35 - 30}{\sqrt{30 \times 0.466}} = 1.337\ldots$$

$$\text{タイプB・逃走} = \frac{30 - 30}{\sqrt{30 \times 0.466}} = 0$$

$$\text{タイプC・攻撃} = \frac{33 - 32}{\sqrt{32 \times 0.44}} = 0.266\ldots$$

$$\text{タイプC・防御} = \frac{13 - 24}{\sqrt{24 \times 0.513}} = -3.134\ldots$$

$$タイプ C・逃走 = \frac{34-24}{\sqrt{24 \times 0.513}} = 2.849\ldots$$

　この算出した調整済み標準化残差の絶対値が 1.960 より大きい場合に残差が有意（残差が 0 でない）と判断されます。

練習 7-10c　エ

解説　選択肢エはタイプ C における各反応タイプの度数に関する説明になっていますが，残差分析はこれら 3 つの反応タイプの出現比率が同じかどうかを検定しているのではなく，「期待度数からの残差が 0 であるかどうか」についての検定を行っています。「タイプ C・逃走」のセルで残差分析の結果が有意であるということは，「このセルの観測度数が期待度数と有意に異なる」ということを意味しているのであり，3 つの反応タイプの中でこの反応の度数が有意に多いということを意味するものではありません。

付　　表

有意水準5%のtの臨界値（両側確率）

df	t	df	t	df	t
1	12.706	21	2.080	41	2.020
2	4.303	22	2.074	42	2.018
3	3.182	23	2.069	43	2.017
4	2.776	24	2.064	44	2.015
5	2.571	25	2.060	45	2.014
6	2.447	26	2.056	46	2.013
7	2.365	27	2.052	47	2.012
8	2.306	28	2.048	48	2.011
9	2.262	29	2.045	49	2.010
10	2.228	30	2.042	50	2.009
11	2.201	31	2.040	55	2.004
12	2.179	32	2.037	60	2.000
13	2.160	33	2.035	65	1.997
14	2.145	34	2.032	70	1.994
15	2.131	35	2.030	75	1.992
16	2.120	36	2.028	80	1.990
17	2.110	37	2.026	85	1.988
18	2.101	38	2.024	90	1.987
19	2.093	39	2.023	100	1.984
20	2.086	40	2.021	∞	1.960

注1）自由度無限大（∞）のtの分布は標準正規分布に一致するため，本表の自由度無限大（∞）のt臨界値は，有意水準5%のzの臨界値でもある。

注2）本表の数値は，R4.0.2のqt（ ）関数を使用して算出したものである。

注3）Excelでは，セルに「=T.INV.2T（0.05，**自由度**）」と入力することにより5%水準のtの臨界値を求めることができる。なお，T.INV.2T関数で扱える自由度は整数のみで，小数点以下は切り捨てられる。

注4）Excelでは，セルに「=T.DIST.2T（**t値**，**自由度**）」と入力することによりtの有意確率（p）を求めることができる。なお，T.DIST.2T関数で扱える自由度は整数のみで，小数点以下は切り捨てられる。

有意水準 5% の F の臨界値（上側確率）

分母 df	分子 df								
	1	2	3	4	5	6	7	8	9
1	161.448	199.500	215.707	224.583	230.162	233.986	236.768	238.883	240.543
2	18.513	19.000	19.164	19.247	19.296	19.330	19.353	19.371	19.385
3	10.128	9.552	9.277	9.117	9.013	8.941	8.887	8.845	8.812
4	7.709	6.944	6.591	6.388	6.256	6.163	6.094	6.041	5.999
5	6.608	5.786	5.409	5.192	5.050	4.950	4.876	4.818	4.772
6	5.987	5.143	4.757	4.534	4.387	4.284	4.207	4.147	4.099
7	5.591	4.737	4.347	4.120	3.972	3.866	3.787	3.726	3.677
8	5.318	4.459	4.066	3.838	3.687	3.581	3.500	3.438	3.388
9	5.117	4.256	3.863	3.633	3.482	3.374	3.293	3.230	3.179
10	4.965	4.103	3.708	3.478	3.326	3.217	3.135	3.072	3.020
11	4.844	3.982	3.587	3.357	3.204	3.095	3.012	2.948	2.896
12	4.747	3.885	3.490	3.259	3.106	2.996	2.913	2.849	2.796
13	4.667	3.806	3.411	3.179	3.025	2.915	2.832	2.767	2.714
14	4.600	3.739	3.344	3.112	2.958	2.848	2.764	2.699	2.646
15	4.543	3.682	3.287	3.056	2.901	2.790	2.707	2.641	2.588
16	4.494	3.634	3.239	3.007	2.852	2.741	2.657	2.591	2.538
17	4.451	3.592	3.197	2.965	2.810	2.699	2.614	2.548	2.494
18	4.414	3.555	3.160	2.928	2.773	2.661	2.577	2.510	2.456
19	4.381	3.522	3.127	2.895	2.740	2.628	2.544	2.477	2.423
20	4.351	3.493	3.098	2.866	2.711	2.599	2.514	2.447	2.393
25	4.242	3.385	2.991	2.759	2.603	2.490	2.405	2.337	2.282
30	4.171	3.316	2.922	2.690	2.534	2.421	2.334	2.266	2.211
35	4.121	3.267	2.874	2.641	2.485	2.372	2.285	2.217	2.161
40	4.085	3.232	2.839	2.606	2.449	2.336	2.249	2.180	2.124
45	4.057	3.204	2.812	2.579	2.422	2.308	2.221	2.152	2.096
50	4.034	3.183	2.790	2.557	2.400	2.286	2.199	2.130	2.073
60	4.001	3.150	2.758	2.525	2.368	2.254	2.167	2.097	2.040
70	3.978	3.128	2.736	2.503	2.346	2.231	2.143	2.074	2.017
80	3.960	3.111	2.719	2.486	2.329	2.214	2.126	2.056	1.999
90	3.947	3.098	2.706	2.473	2.316	2.201	2.113	2.043	1.986
100	3.936	3.087	2.696	2.463	2.305	2.191	2.103	2.032	1.975

注 1）本表の数値は，R4.0.2 の qt ( ) 関数を使用して算出したものである。

注 2）Excel では，セルに「=F.INV.RT (0.05，分子 df，分母 df)」と入力することにより，5% 水準の F の臨界値を求めることができる。

注 3）Excel では，セルに「=F.DIST.RT (F値，分子 df，分母 df)」と入力することにより，F の有意確率（p）を求めることができる。

有意水準5%のステューデント化された範囲 q の臨界値

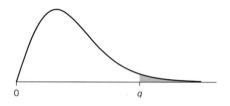

	水準数								
df	2	3	4	5	6	7	8	9	10
2	6.080	8.331	9.799	10.881	11.734	12.435	13.028	13.542	13.994
3	4.501	5.910	6.825	7.502	8.037	8.478	8.852	9.177	9.462
4	3.927	5.040	5.757	6.287	6.706	7.053	7.347	7.602	7.826
5	3.635	4.602	5.218	5.673	6.033	6.330	6.582	6.801	6.995
6	3.460	4.339	4.896	5.305	5.628	5.895	6.122	6.319	6.493
7	3.344	4.165	4.681	5.060	5.359	5.606	5.815	5.997	6.158
8	3.261	4.041	4.529	4.886	5.167	5.399	5.596	5.767	5.918
9	3.199	3.948	4.415	4.755	5.024	5.244	5.432	5.595	5.738
10	3.151	3.877	4.327	4.654	4.912	5.124	5.304	5.460	5.598
11	3.113	3.820	4.256	4.574	4.823	5.028	5.202	5.353	5.486
12	3.081	3.773	4.199	4.508	4.750	4.950	5.119	5.265	5.395
13	3.055	3.734	4.151	4.453	4.690	4.884	5.049	5.192	5.318
14	3.033	3.701	4.111	4.407	4.639	4.829	4.990	5.130	5.253
15	3.014	3.673	4.076	4.367	4.595	4.782	4.940	5.077	5.198
16	2.998	3.649	4.046	4.333	4.557	4.741	4.896	5.031	5.150
17	2.984	3.628	4.020	4.303	4.524	4.705	4.858	4.991	5.108
18	2.971	3.609	3.997	4.276	4.494	4.673	4.824	4.955	5.071
19	2.960	3.593	3.977	4.253	4.468	4.645	4.794	4.924	5.037
20	2.950	3.578	3.958	4.232	4.445	4.620	4.768	4.895	5.008
25	2.913	3.523	3.890	4.153	4.358	4.526	4.667	4.789	4.897
30	2.888	3.486	3.845	4.102	4.301	4.464	4.601	4.720	4.824
35	2.871	3.461	3.814	4.066	4.261	4.421	4.555	4.671	4.773
40	2.858	3.442	3.791	4.039	4.232	4.388	4.521	4.634	4.735
45	2.848	3.428	3.773	4.018	4.209	4.364	4.494	4.606	4.705
50	2.841	3.416	3.758	4.002	4.190	4.344	4.473	4.584	4.681
60	2.829	3.399	3.737	3.977	4.163	4.314	4.441	4.550	4.646
70	2.821	3.386	3.722	3.960	4.144	4.293	4.419	4.527	4.621
80	2.814	3.377	3.711	3.947	4.129	4.277	4.402	4.509	4.603
90	2.810	3.370	3.702	3.937	4.118	4.265	4.389	4.495	4.588
100	2.806	3.365	3.695	3.929	4.109	4.256	4.379	4.484	4.577

注1) 本表の数値は，R4.0.2 の qtukey ( ) 関数を使用して算出したものである。
注2) Excel には，ステューデント化された範囲の臨界値や確率密度を求める関数は用意されていない。

有意水準 5% の X^2 の臨界値

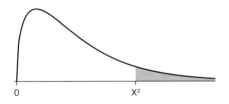

0　　　　　　　　X^2

df	X^2	df	X^2	df	X^2
1	3.841	21	32.671	41	56.942
2	5.991	22	33.924	42	58.124
3	7.815	23	35.172	43	59.304
4	9.488	24	36.415	44	60.481
5	11.070	25	37.652	45	61.656
6	12.592	26	38.885	46	62.830
7	14.067	27	40.113	47	64.001
8	15.507	28	41.337	48	65.171
9	16.919	29	42.557	49	66.339
10	18.307	30	43.773	50	67.505
11	19.675	31	44.985	55	73.311
12	21.026	32	46.194	60	79.082
13	22.362	33	47.400	65	84.821
14	23.685	34	48.602	70	90.531
15	24.996	35	49.802	75	96.217
16	26.296	36	50.998	80	101.879
17	27.587	37	52.192	85	107.522
18	28.869	38	53.384	90	113.145
19	30.144	39	54.572	100	124.342
20	31.410	40	55.758	120	146.567

注1）本表の数値は，R4.0.2 の qchisq（ ）関数を使用して算出したものである。
注2）Excel では，セルに「=CHISQ.INV.RT（0.05，**自由度**）」と入力することにより，5%水準の X^2 の臨界値を求めることができる。
注3）Excel では，セルに「=CHISQ.DIST.RT（X^2 値，**自由度**）」と入力することにより，X^2 の有意確率（p）を求めることができる。

索　引

著 者 紹 介

芝田　征司
しばた　せいじ

1995 年　同志社大学文学部卒業

2003 年　同志社大学大学院文学研究科博士後期課程単位取得退学

2005 年　同志社大学大学院文学研究科博士後期課程修了

　　　　博士（心理学）

現　在　相模女子大学人間社会学部教授

主要著書・訳書

『数学が苦手でもわかる心理統計法入門──基礎から多変量解析まで──』（サイエンス社，2017）

『環境心理学の視点──暮らしを見つめる心の科学──』（サイエンス社，2016）

"*Safety and security in transit environments: An interdisciplinary approach*"（分担執筆）（London：Palgrave, 2015）

『自然をデザインする──環境心理学からのアプローチ──』（分担翻訳）（誠信書房，2009）

『心理学概論』（分担執筆）（ナカニシヤ出版，2006）

『こころの科学』（分担執筆）（東洋経済新報社，2003）

数学が苦手でもわかる
心理統計法入門ワークブック

2021 年 3 月 10 日 © 　　　　　初 版 発 行

著 者　芝田征司　　　　発行者　森平敏孝
　　　　　　　　　　　　印刷者　中澤　眞
　　　　　　　　　　　　製本者　小西惠介

発行所　　**株式会社　サイエンス社**
〒151-0051　東京都渋谷区千駄ヶ谷 1 丁目 3 番 25 号
営業 TEL　(03)5474-8500　(代)　振替 00170-7-2387
編集 TEL　(03)5474-8700　(代)
FAX　　　(03)5474-8900

組版　ケイ・アイ・エス
印刷　㈱シナノ　　製本　ブックアート
《検印省略》

ISBN978-4-7819-1496-1

PRINTED IN JAPAN

サイエンス社のホームページのご案内
https://www.saiensu.co.jp
ご意見・ご要望は
jinbun@saiensu.co.jp　まで.